10 + 1 idées reçues sur l'entrepreneuriat

Sommaire

Avant-propos

"Entreprendre, c'est faire, pas apprendre à faire"

Guy Kawasaki, entrepreneur

Vous êtes étudiante ou étudiant et vous voulez créer votre propre business pendant vos études ou une fois votre diplôme en poche ?

Vous êtes salariée ou salarié dans une entreprise depuis plusieurs années et vous voulez vous lancer dans l'entrepreneuriat pour réaliser un rêve ?

Vous êtes au chômage et, pour différentes raisons, vous n'arrivez pas à trouver un travail qui vous convienne ou qui vous plaise ?

Ce livre est fait pour vous.

Après avoir travaillé comme salarié pendant plusieurs années, je me suis lancé dans l'entrepreneuriat. En utilisant mon expérience acquise dans cette aventure, j'ai ensuite accompagné des startups et des entreprises sous un angle assez particulier, celui de la recherche de financements pour leur permettre de démarrer ou de développer leur activité.

Lors des nombreux échanges que j'ai eus avec ces entrepreneurs, j'ai pu noter qu'ils s'étaient lancés dans la création de leur entreprise pour des raisons assez différentes.

Certains avaient mûrement réfléchi à leur projet d'entreprise avant de se lancer, d'autres, au contraire, avaient agi plus spontanément.

Certains voulaient donner du sens à leur vie car leur emploi précédent ne leur apportait plus cette excitation des premières années. D'autres avaient une passion et voulaient en vivre ... D'autres encore, voulaient faire partie de la "startup nation" et devenir les futures stars d'Internet.

Le point commun qui relie ces différents profils est sans doute qu'ils ont dû faire face, à un moment ou un autre, à un grand nombre d'idées reçues sur l'entrepreneuriat : "tu veux devenir riche ...", "tu vas travailler comme un fou ...", "tu es une femme ...", etc..

Le problème avec ces idées reçues est qu'elles peuvent miner votre confiance en vous et votre volonté de vous lancer.

Pourtant, entreprendre n'est pas le problème. Le problème est l'image que les gens ont, en général, des entrepreneurs.

Dans ce livre, j'ai voulu présenter 10 + 1 idées préconçues sur l'entrepreneuriat pour que vous disposiez des arguments à opposer à ceux qui doutent de vous, ou que vous ayez des réponses à vos interrogations.

Une fois que vous aurez lu ce livre, vous aurez une vision beaucoup plus claire et objective de ce qu'entreprendre signifie et, je n'ai aucun doute là-dessus, vous pourrez lancer votre nouveau projet de vie avec succès.

Olivier Sabot

olivier.sabot@so-creativeconsulting.com

Idée reçue #1
Entreprendre c'est un truc de jeune

"Si vous attendez pour agir, tout ce que vous gagnerez avec le temps, c'est de l'âge"

Brian Tracy, homme d'affaires et écrivain

Il y a quelques années, l'image type de l'entrepreneur était ce jeune, tout juste diplômé, qui lançait sa startup pour révolutionner le monde. Il faut dire que les exemples en provenance des Etats-Unis, modèle absolu de l'entrepreneuriat, renvoyaient cette image : Mark Zuckerberg, Elon Musk, Jeff Bezos, Larry Page et Sergey Brin, Steve Jobs, etc.. étaient tous jeunes et étaient réellement en train de changer le monde. En face, en Europe, on a vu arriver des Xavier Niel (Free), des Olivier Mathiot ou Pierre Kosciusko-Morizet (Price Minister) ou encore des Frédéric Mazzella (Blablacar). Alors, faut-il être vraiment être jeune pour entreprendre et réussir dans son business ?

Les chapitres qui suivent vont montrer que non, en traitant des points suivants :

- Entreprendre est avant tout un état d'esprit
- Il n'y a pas d'âge pour entreprendre
- Etre d'âge mûr, c'est avoir de l'expérience

Entreprendre est avant tout un état d'esprit

Pour bien commencer, vous devez prendre conscience d'une notion fondamentale de l'entrepreneuriat. Il s'agit plus qu'une simple activité professionnelle, l'entrepreneuriat est avant tout un état d'esprit. Dans ce chapitre, je vais vous montrer qu'entreprendre est avant tout une question d'état d'esprit, de mindset, comme le disent les anglophones.

L'état d'esprit entrepreneurial change la manière dont vous percevez le monde. Il modifie la façon dont vous abordez les défis qui se présentent à vous et la façon dont vous saisissez les opportunités qui se présentent. Vous ne regardez plus les problèmes comme des obstacles insurmontables, mais plutôt comme des opportunités d'apprentissage et de croissance. Cette mentalité vous encourage à voir le verre à moitié plein et à aborder chaque situation avec une attitude positive.

Au cœur de cet état d'esprit se trouvent l'audace, la créativité et la détermination. Vous osez prendre des risques (calculés), car vous comprenez que l'échec n'est pas un échec définitif, mais une étape sur le chemin du succès. Cette audace vous pousse à sortir de votre zone de confort, à innover et à expérimenter.

La créativité est la force qui transforme l'ordinaire en extraordinaire. Vous apprenez à penser différemment, à combiner des idées apparemment sans points communs pour créer quelque chose de nouveau et d'excitant. La créativité devient le moteur de l'innovation, vous permettant de trouver des solutions nouvelles et originales.

La détermination est une qualité fondamentale chez un entrepreneur. Il ne faut pas la confondre avec l'obstination, elle est au contraire une force qui vous fait avancer, même si des obstacles se présentent sur le chemin. Elle vous permet de toujours garder votre objectif en ligne de mire.

Un autre aspect essentiel de cet état d'esprit est l'adaptabilité. Vous comprenez que le monde évolue constamment, et vous apprenez à évoluer avec lui. Plutôt que de résister au changement, vous le considérez comme une opportunité d'innovation et d'amélioration continue.

La collaboration et le réseautage sont également au cœur de cet état d'esprit. Vous reconnaissez la valeur des compétences complémentaires des autres et vous appréciez la puissance du partage d'idées. Les relations professionnelles ne sont plus simplement des contacts, mais des opportunités d'apprentissage mutuel et de croissance collective.

Ainsi, l'entrepreneuriat est bien plus qu'une simple activité professionnelle, c'est une mentalité qui façonne la manière dont vous percevez le monde, dont vous répondez aux défis et dont vous saisissez les opportunités. À travers cet état d'esprit, vous pouvez transformer chaque situation en une occasion d'apprentissage, d'innovation et de croissance personnelle.

En pratique

Un des exemples qui me semblent les plus pertinents pour exprimer l'état d'esprit entrepreneurial, est la façon dont vous réagissez face à une situation donnée. Vous aimez la pêche ? Vous devez acheter des leurres ? Et si vous les fabriquiez vous-mêmes ? Et puis ensuite, postez des photos de vos réalisations, rejoignez les communautés de pêcheurs, vendez vos leurres ... Et puis faites une plateforme d'échange sur les meilleurs spots de pêche dans votre région ...

C'est un peu caricatural, mais cela représente bien l'état d'esprit entrepreneurial ...

Il n'y a pas d'âge pour entreprendre

Maintenant que vous avez compris qu'entreprendre était effectivement un état d'esprit, vous pressentez qu'il n'y a pas d'âge pour entreprendre. Lorsqu'on parle d'entrepreneuriat, il est essentiel de briser les nombreux stéréotypes qui y sont attachés et de bien comprendre que l'âge n'est qu'un nombre. Ce qui compte vraiment, c'est la flamme de la passion, de la créativité et de la détermination qui brûle en chacun de nous.

Que vous ayez 17 ans comme Xavier Niel lorsqu'il a lancé son premier business sur le Minitel, 20 ans comme Marc Zuckerberg lorsqu'il a fondé Facebook, ou encore 40 ans comme Henry Ford lorsqu'il a créé la société du même nom, il n'y a pas d'âge pour se lancer dans l'aventure entrepreneuriale.

Regardons ensemble cette réalité objective : l'envie de créer, d'innover et de contribuer à la société ne connaît pas de frontière temporelle, ni de limite d'âge. Peu importe que vous soyez à la croisée de vos vingt ans, que vous ayez atteint votre mi-parcours à quarante ans ou que vous abordiez la seconde partie de votre vie à soixante ans et plus, l'entrepreneuriat est un voyage sans limite d'âge.

Chaque âge apporte ses atouts, et ce qui compte c'est de les exploiter au maximum.

Ainsi, l'énergie de la jeunesse est une ressource exceptionnelle dans l'entrepreneuriat. Portée par une passion inextinguible et une audace sans limite, cette énergie est le moteur qui propulse les jeunes entrepreneurs vers de nouvelles frontières. Elle vous pousse à remettre en question le statu quo, à innover avec audace et à vous adapter avec rapidité. C'est cette énergie qui vous permet de vous créer un avenir plein de promesses et en constante évolution.

De l'autre côté de l'arc de la vie, la sagesse et l'expérience qui viennent avec l'âge sont autant d'atouts précieux pour les entrepreneurs. Chaque succès, chaque défi relevé et chaque expérience accumulée au fil des années forment un trésor de connaissances. Cette richesse d'expérience peut guider vos décisions, influencer votre vision stratégique et servir d'inspiration pour surmonter les obstacles.

Gardez à l'esprit que toutes les entreprises ne sont pas créées égales. Chaque secteur a ses spécificités et ses niches, certaines nécessitant une énergie, une fougue, voire une inconscience inouïe, d'autres une expertise pointue et approfondie. Votre bagage unique, porté par cette énergie, ou forgé par le temps, peut être l'élément clé pour réussir dans des domaines qui exigent un enthousiasme et une ardeur forte, ou une connaissance approfondie.

Pour finir d'illustrer ce propos, un document de l'INSEE[1] qui est le résultat d'une enquête quadriennale sur l'entrepreneuriat donne la pyramide des âges des créations d'entreprise. Même si la dernière étude date de 2018, elle montre quand même un résultat qui fait voler aux éclats cet a priori sur l'âge qu'il "faut" avoir pour créer son entreprise.

---

[1] https://www.insee.fr/fr/statistiques/2015206#graphique-figure1

Si on y regarde de plus près, cela signifie que près de la moitié (48.4%) des créateurs d'entreprise avaient 40 ans et plus. Cette étude montre également qu'il y a moins de créateurs d'entreprises de moins de 25 ans (3.5%) que de plus de 60 ans (5.4%).

Comme quoi, les a priori ont la vie dure …

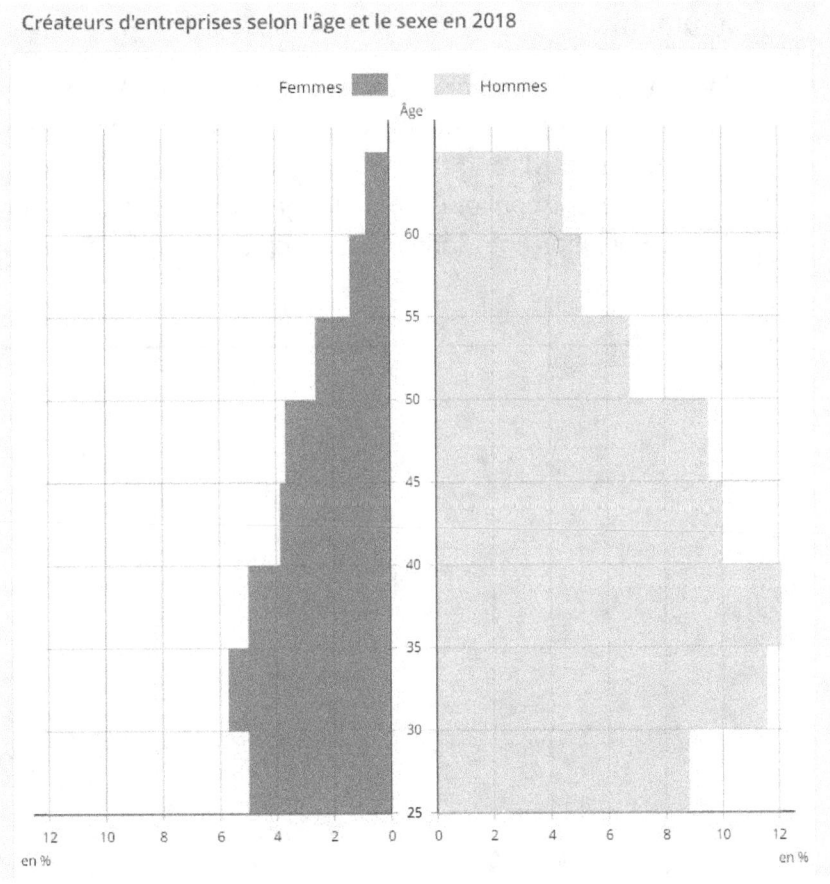

Pyramide des âges des créations d'entreprise - INSEE 2018

Vous l'aurez bien compris, il n'y a pas d'âge pour entreprendre. Seule compte votre envie d'entreprendre et de changer de vie. Vous trouverez les ressources ou l'énergie nécessaire car vous serez porté par ce désir de réussir et de créer.

En pratique

L'âge n'est qu'un nombre. Ce qui compte c'est la volonté que vous avez de vous lancer à l'aventure. Et, comme on le verra plus tard, entreprendre ne signifie pas seulement monter une entreprise. Cela peut également signifier créer une association ou lancer un projet au sein de son entreprise …

Etre d'âge mûr signifie avoir de l'expérience

Dans le monde de l'entrepreneuriat, cette richesse d'expérience est une alliée inestimable. Plus qu'une simple collection de souvenirs, l'expérience devient le moteur qui va propulser votre voyage entrepreneurial vers de nouveaux sommets.

Savez-vous que Kentucky Fried Chicken (KFC) a été créé par Harland David Sanders, lorsqu'il avait 62 ans ? Ou encore que McDonald's a été créé par Ray Kroc quand il avait 50 ans ?

Regardez chaque moment de votre vie comme un élément d'un puzzle complexe. Chaque décision prise, chaque obstacle surmonté et chaque succès remporté sont des pièces qui s'assemblent pour former une image complète de votre expérience. Cette image devient ensuite votre guide, une référence inestimable lorsque vous entreprenez de nouveaux projets.

Imaginez que l'expérience est comme un phare puissant éclairant votre chemin. Chaque défi relevé, chaque étape parcourue, vous apporte une sagesse profonde. Vous avez appris à voir au-delà des apparences, à comprendre les motivations sous-jacentes, à savoir vous entourer des bonnes personnes et à saisir les subtilités des situations. Cette sagesse vous donne une perspective unique, un avantage précieux lorsque vous prenez des décisions cruciales.

Mais vous ne gardez pas cette expérience pour vous seul. Elle devient un legs précieux à partager. Vos histoires, vos succès et vos revers, tous ces éléments forment un trésor de connaissances pour les générations à venir. En partageant vos expériences, vous aidez les autres à éviter les pièges que vous avez pu rencontrer et à s'élever plus haut.

Dans l'entrepreneuriat, l'expérience devient alors un atout majeur. Vos années vécues ont forgé votre compréhension du monde des affaires. Chaque situation nouvelle est une opportunité d'appliquer vos enseignements passés. Votre expérience devient alors votre conseillère, votre source de réflexion et votre source de confiance.

Vous voici arrivé à l'âge de la retraite. Cela doit-il signifier pour autant la fin de vos aspirations entrepreneuriales ? Au contraire, c'est le moment idéal pour déployer vos compétences et votre énergie dans la création d'entreprises. Cette démarche peut non seulement apporter une source de revenus continue, mais aussi une satisfaction personnelle en contribuant à la société de manière significative.

En conclusion, c'est le moment de mettre fin aux préjugés liés à l'âge et de reconnaître que l'entrepreneuriat est une terre d'opportunités ouverte à tous. Peu importe le nombre d'années derrière vous, vous avez le pouvoir de transformer vos rêves en réalité, car ce qui compte c'est le chemin qu'il vous reste à parcourir. Votre passion, votre persévérance et votre désir de créer un impact positif sont les véritables moteurs du succès entrepreneurial. Alors, que vous soyez au commencement de votre aventure ou que vous embrassiez une nouvelle phase de votre vie, j'espère que vous êtes désormais convaincu que l'entrepreneuriat ne connaît pas de limite d'âge !

En pratique

Un article récent paru dans La Dépêche indiquait que les plus de 50 ans seraient les innovateurs les plus radicaux. En effet, par leur expérience qui leur permet d'éviter bien des pièges et leur capacité à travailler ensemble acquise tout au long de leur carrière, ces entrepreneurs n'hésitent pas à aller plus loin que leur jeunes collègues ...

Idée reçue #2
Il faut de l'argent pour entreprendre

"Toutes les richesses ont leur origine dans l'esprit. La richesse est dans les idées — pas dans l'argent. "

Robert Collier, homme d'affaires dans le marketing

Vous avez probablement entendu dire qu'il faut de l'argent pour entreprendre.

Eh bien, laissez-moi vous dire que cette idée est loin d'être toujours vraie. Oui, l'argent est important, mais l'essence même de l'entrepreneuriat repose sur bien plus que cela. Votre créativité, votre détermination et les ressources gratuites comme la connaissance et les relations sont des éléments tout aussi essentiels. Des succès entrepreneuriaux reconnus mondialement ont vu le jour à partir d'idées modestes, poussées par une passion inébranlable. N'oubliez pas, c'est votre feu intérieur qui est le véritable moteur de votre réussite.

Les chapitres suivants vont s'atteler à déconstruire ce mythe et traiter des sujets suivants :

- Entreprendre dans les services
- Savoir démarrer de façon frugale
- Toute dépense doit être rentable

Entreprendre dans les services

Un cas concret d'une activité qui n'a pas besoin de beaucoup d'argent pour commencer : les services. Dans ce chapitre, nous allons en effet tordre le cou à l'idée que l'argent est la pierre angulaire de tout projet.

Laissez-moi vous révéler un secret : vos compétences sont votre trésor le plus précieux. Identifiez ce que vous pouvez apporter d'unique et de précieux dans le domaine des services. C'est sur cette base que vous allez construire votre entreprise. Ne sous-estimez jamais l'impact que votre expertise peut avoir. Vous savez des choses, ces choses ont une valeur et des personnes ou des entreprises sont prêtes à payer pour cela ...

Le monde des services est régi par les relations. Alors, plutôt que de dépenser des sommes considérables en publicité, investissez plutôt dans la création de relations authentiques. Tissez des liens avec des mentors, des confrères et des clients potentiels. Le bouche-à-oreille peut propulser votre entreprise bien plus loin que vous ne pouvez l'imaginer, et pour un budget communication et publicité très réduit.

Une des clés de la réussite est de démarrer à petite échelle. Vous n'avez pas besoin d'une infrastructure massive dès le départ. Commencez modestement, offrez vos services à un petit groupe de clients qui sont proches de chez vous, ou pour les clients plus lointains, utilisez les outils à votre disposition : téléphone, visio-conférences, etc. et concentrez-vous sur la qualité de vos prestations.

Les retours positifs formeront alors les bases de votre réputation.

Le monde en ligne est une ressource inestimable. Créez une présence en ligne à travers les réseaux sociaux, un site internet professionnel ou des plateformes de freelancing. Cette visibilité virtuelle vous permettra d'atteindre un public plus large et diversifié … à moindre coût.

L'union fait la force, surtout dans l'entrepreneuriat. Collaborez avec d'autres entrepreneurs, échangez des compétences et créez des partenariats mutuellement bénéfiques. Ensemble, vous pouvez accomplir bien plus que ce que vous pourriez faire individuellement. Vous intervenez dans le conseil en organisation d'entreprise et vous connaissez un expert-comptable ? Unissez vos forces pour proposer une offre plus complète qui répond vraiment aux attentes de vos clients potentiels.

Pour résumer, ne laissez pas le manque d'argent vous décourager et renoncer à votre projet. L'entrepreneuriat dans le secteur des services ne se limite pas à votre capital initial. C'est votre créativité, votre détermination et votre stratégie qui façonneront votre succès. Souvenez-vous que votre valeur réside dans ce que vous apportez à vos clients et dans votre volonté de transformer vos rêves en réalité.

En pratique

Si vous démarrez avec peu ou pas d'argent, appuyez-vous sur votre réseau pour vous aider. C'est ce que j'ai fait quand j'ai créé mon entreprise de conseil. Je suis allé voir des amis qui étaient avocat, expert-comptable, chef d'entreprise et je leur ai expliqué ce que je voulais faire. J'ai eu des conseils, des contacts, j'ai fait des rencontres et j'ai eu mes premiers clients comme cela …

Savoir démarrer de façon frugale

Avant d'entamer l'aventure de l'entrepreneuriat, il y a un principe clé que vous devez garder à l'esprit : démarrer de manière frugale. Dans ce chapitre, nous allons voir pourquoi cette stratégie est cruciale pour bâtir un projet entrepreneurial solide et comment elle peut être votre atout secret pour réussir dans le monde des affaires.

Imaginez que vous construisez une maison. Avant d'ériger des murs élevés et un toit en pente, vous créez d'abord des fondations robustes. De même, le démarrage frugal consiste à établir des bases financières solides pour votre entreprise. Plutôt que de dépenser massivement dès le départ, vous investissez judicieusement dans des domaines clés qui favorisent la croissance et la résilience.

La démarche frugale offre une multitude d'avantages pour les entrepreneurs novices. Tout d'abord, elle encourage la créativité. Lorsque les ressources sont limitées, votre esprit est poussé à explorer des solutions innovantes pour surmonter les défis. Ce processus créatif peut souvent déboucher sur des idées et des approches uniques, qui pourraient se révéler être des différenciateurs cruciaux sur le marché.

Ensuite, le démarrage frugal cultive une discipline financière. En exigeant que chaque dépense soit justifiée et soigneusement évaluée, vous développez une sensibilité à la valeur réelle de chaque investissement. Cette compétence vous servira non seulement au démarrage, mais aussi à mesure que votre entreprise se développera et évoluera.

Démarrer frugalement ne signifie pas sacrifier la qualité ou l'essence de votre projet. Au contraire, il s'agit de prioriser intelligemment. Identifiez les aspects de votre entreprise qui nécessitent un investissement initial plus important et concentrez-vous sur ceux-ci. Cela pourrait être la R&D pour un produit innovant, le marketing ciblé pour établir votre présence sur le marché, ou même la formation de partenariats stratégiques pour partager les charges financières.

Une autre facette cruciale est l'agilité. Les débuts de votre entreprise seront sans doute marqués par des ajustements et des évolutions. Si vous avez dépensé la majeure partie de votre capital au départ, vous pourriez vous retrouver dans une position difficile si vous devez apporter des modifications substantielles à votre modèle commercial. En adoptant une approche frugale, vous êtes mieux préparé à faire face aux imprévus et aux évolutions du marché.

Pour résumer, démarrer de manière frugale n'est pas seulement une question financière, c'est une philosophie qui guide votre approche entrepreneuriale. C'est une reconnaissance que les ressources sont précieuses et qu'il est sage de les gérer judicieusement. Le succès dans l'entrepreneuriat ne repose pas nécessairement sur la taille du budget de départ, mais sur la manière dont vous utilisez chaque centime pour construire un avenir pérenne.

En pratique

Le concept de frugalité est la version occidentale du Jugaad indien : un mélange de débrouillardise et d'astuces pour réussir à atteindre un objectif a priori élevé avec peu de moyens. Pour vous guider dans cette démarche, gardez toujours en tête ce résumé "Faire mieux avec moins" !

Toute dépense doit être rentable

Une des maximes fondamentales à garder à l'esprit est que chaque dépense doit être rentable. En d'autres termes, chaque dépense que vous faites doit générer de la valeur et contribuer à la croissance de votre entreprise. Cette approche financière réfléchie peut faire toute la différence entre un projet qui s'épanouit et un autre qui stagne (ou qui s'effondre …).

La notion de rentabilité est souvent associée à la finance, mais en réalité, elle va au-delà des chiffres. Dans le contexte entrepreneurial, cela signifie que chaque dépense que vous faites, qu'elle soit en argent, en temps ou en ressources, devrait contribuer à réaliser vos objectifs et à propulser votre projet en avant. Avant de dépenser, posez-vous la question : "Cette dépense m'aidera-t-elle à atteindre mes objectifs à court et à long terme ?".

L'un des aspects les plus critiques de cette approche est donc votre capacité à prioriser. Au démarrage, les ressources sont souvent limitées, ce qui nécessite une gestion minutieuse de votre nouvelle affaire. Il est tentant de vouloir tout faire en même temps, mais cela peut mener à la dispersion des efforts et à des dépenses inutiles. En priorisant judicieusement, vous allouez vos ressources là où elles auront le plus d'impact.

Cette attitude, qui sera vitale au démarrage de votre activité, devra durer dans le temps. Ce n'est pas parce que vous gagnez de l'argent que vous devez dépenser toujours plus. Personne ne sait de quoi demain sera fait et il faut toujours garder cela à l'esprit.

La distinction entre investissement et dépense est essentielle. Une dépense n'apporte qu'une valeur momentanée, tandis qu'un investissement génère un retour sur le long terme. Lorsque vous évaluez où allouer vos ressources, considérez comment chaque choix pourrait contribuer à la croissance, à l'efficacité opérationnelle ou à l'amélioration de vos produits et services. Même les dépenses apparemment mineures, comme la formation de votre équipe, peuvent se transformer en investissements précieux si elles améliorent la performance globale.

Comment mesurer la rentabilité d'une dépense ? Cela dépendra de votre objectif. Si vous envisagez une campagne de marketing, par exemple, examinez si elle génère des leads ou des conversions. Pour un investissement dans la formation de votre équipe, évaluez si cela se traduit par une amélioration de leur productivité. L'analyse des données et la mise en place d'indicateurs clés de performance (KPI) peuvent vous aider à quantifier la valeur ajoutée par chaque dépense.

Il est important de trouver l'équilibre entre les gains à court et à long terme. Parfois, un investissement initial peut sembler coûteux, mais s'il ouvre la porte à de nouvelles opportunités ou améliore la compétitivité à long terme, il peut être justifié. D'un autre côté, il est également important de surveiller les retours à court terme pour garantir que votre entreprise reste financièrement viable.

La quête de cet équilibre est une quête de tous les jours. Ne baissez jamais les bras et restez focalisé sur vos objectifs.

Le monde entrepreneurial est en constante évolution, et par conséquent, vos priorités et vos dépenses doivent également évoluer. Soyez prêt à ajuster votre stratégie en fonction des changements du marché ou des nouvelles opportunités. Une vision à long terme ne signifie pas une rigidité aveugle. La flexibilité est une vertu clé dans l'entrepreneuriat moderne.

En résumé, adopter l'approche selon laquelle toute dépense doit être rentable est un état d'esprit gagnant. Cela vous pousse à être sélectif dans vos choix, à être conscient de la valeur que chaque décision apporte et à garder un œil attentif sur la croissance de votre entreprise. À mesure que votre projet évolue, cette mentalité vous guidera à travers les décisions financières complexes et vous aidera à construire un avenir solide.

En pratique

Pour savoir si une dépense est rentable, il suffit de déterminer ce qui se passera dans votre entreprise si vous ne la réalisez pas. Comparez ensuite le coût de la dépense avec les gains potentiels.

Par exemple, vous envisagez de dépenser 1 000 € en publicité Facebook pour votre site e-commerce. Si vous ne faites rien, l'hypothèse est que vos ventes restent là où elles en sont aujourd'hui. Si vous dépensez ces 1 000 €, regardez combien de produits en plus vous devez vendre pour couvrir cette dépense de 1 000 €. Si la quantité est réaliste, alors l'investissement est rentable car vous aurez vendu plus que le coût de la publicité.

Idée reçue #3
Un entrepreneur ça prend des risques

*"Dans la vie, tout est une affaire de risque.
Ce que vous devez vraiment apprendre est
comment le gérer. "*

Reid Hoffman, homme d'affaires et
investisseur

Les entrepreneurs à succès ne se lancent pas aveuglément dans des risques inconsidérés. Ils évaluent soigneusement les opportunités, minimisent les risques inutiles et cherchent des moyens intelligents de gérer l'incertitude.

Dans ce chapitre, je vais vous montrer que, contrairement aux idées reçues :

- Un entrepreneur sait prendre des risques
- Mais, prendre des risques ne signifie pas faire n'importe quoi
- Et il faut savoir déterminer ses limites et définir son "risque admissible"

Un entrepreneur sait prendre des risques

L'image traditionnelle de l'entrepreneur en tant qu'aventurier intrépide, prêt à tout risquer pour réaliser ses ambitions, n'est qu'une vision partielle (et idéale) de la réalité. L'entrepreneuriat est bien plus que cela. Dans ce chapitre je vais vous parler du concept de prise de risque et comment les entrepreneurs qui réussissent manœuvrent intelligemment dans un environnement commercial en constante évolution.

Imaginez-vous sur une scène de danse où chaque pas est précisément exécuté. De même qu'un danseur, l'entrepreneur prend des risques réfléchis. Il ne se lance pas dans l'inconnu sans préparation. Au contraire, il utilise des informations, des analyses et des stratégies pour minimiser l'incertitude et optimiser ses chances de réussite.

Un entrepreneur qui s'informe est un entrepreneur puissant. La connaissance est un outil essentiel pour minimiser les risques. Avant de prendre des décisions cruciales, il est impératif de comprendre le marché, les tendances, les besoins des clients et les défis potentiels. Cela permet de prendre des décisions éclairées et de prévoir les obstacles, réduisant ainsi les risques liés à l'inconnu.

Il y a une phrase célèbre qu'on prête à plusieurs personnes, dont Nelson Mandela, qui dit "Soit je réussis, soit j'apprends !". Un des sujets les plus passionnants dans l'entrepreneuriat est la relation entre la prise de risques et l'échec. Au lieu de le craindre, les entrepreneurs avertis apprennent à tirer parti de l'échec et à maîtriser ce dernier. Chaque faux pas offre des enseignements précieux pour affiner les stratégies, réajuster les approches et évoluer vers la réussite. La prise de risques ne conduit pas nécessairement à l'échec, elle peut aussi être la voie vers le progrès.

Trouver l'équilibre entre l'audace et la prudence est un art subtil dans l'entrepreneuriat. Prendre des risques ne signifie pas se jeter aveuglément dans l'inconnu, mais plutôt évaluer les opportunités avec soin. Il s'agit de comprendre que chaque risque a un coût mais qu'il peut aussi mener à un gain potentiel. Cela permet ensuite de prendre des décisions éclairées en toute connaissance de cause.

Le monde des affaires est en constante évolution, et la prise de risques calculés est une manière d'aborder cette situation. Les entrepreneurs agiles sont prêts à pivoter rapidement lorsque les circonstances changent. Ils s'adaptent avec souplesse aux nouveaux défis, conservant leur objectif tout en ajustant leur trajectoire pour rester en phase avec l'évolution du marché.

L'entrepreneuriat exige du courage. Cela signifie sortir de sa zone de confort, explorer l'inconnu et persévérer face à l'incertitude. C'est dans ces moments de vulnérabilité que les plus grandes opportunités se cachent souvent. La prise de risques calculés ne garantit pas un parcours sans obstacles, mais elle assure que chaque obstacle surmonté vous rapprochera davantage de la réalisation de vos objectifs.

Pour résumer, la vision traditionnelle de l'entrepreneur audacieux n'est qu'une partie de l'histoire. Les entrepreneurs à succès savent que la prise de risques calculés est le fondement de leur parcours. Ce chapitre nous rappelle que la réussite entrepreneuriale ne dépend pas de la témérité, mais de l'intelligence, de l'adaptabilité et de la prise de décision éclairée. C'est dans cet équilibre complexe entre l'audace et la prudence que les entrepreneurs évoluent.

En pratique

Alors que vous êtes encore étudiant ou salarié, vous avez travaillé sur votre projet entrepreneurial. Vous arrivez à un stade où vous vous sentez prêt à sauter le pas. Cette prise de risque est réelle, mais peut être pondérée par plusieurs facteurs : peut-être pouvez-vous prendre un congé sabbatique pour tester votre projet ? Ou attendre que les revenus que votre activité entrepreneuriale génèrent arrivent au niveau de votre salaire ?

Prendre des risques ne signifie pas faire n'importe quoi

Comme on l'a vu précédemment, un des aspects les plus sensibles de l'entrepreneuriat est la notion de prise de risques. Cependant, il est essentiel de comprendre que la prise de risques dans le monde des affaires ne rime pas avec l'impulsivité ou l'irrationalité. Au contraire, elle repose sur une stratégie bien pensée et une évaluation minutieuse.

Nous avons tous entendu dire que les entrepreneurs audacieux sont ceux qui osent tout risquer sans réfléchir. Mais déconstruisons cette idée reçue. La prise de risques intelligente est plus comparable à un exercice d'équilibriste : un équilibre entre l'audace et la prudence.

Comment cela fonctionne-t-il ? Vous êtes entrepreneur, et vous devez prendre une décision importante, comme un investissement important ou un recrutement clef. La prise de risques réfléchie commence par la prudence. Cela signifie que vous ne vous lancez pas aveuglément dans une voie sans l'avoir examinée sous tous les angles. Les entrepreneurs à succès consacrent du temps à la recherche approfondie, comprennent le marché en profondeur et écoutent attentivement les besoins des clients. Avant de s'engager, ils veulent s'assurer que leur idée est viable.

Un concept clé à comprendre est celui du "risque calculé". En d'autres termes, il s'agit d'évaluer les risques de manière objective. Il s'agit de peser les avantages potentiels face aux défis probables. Pensez à cela comme à la préparation d'un voyage : vous étudiez la carte, anticipez les imprévus et élaborez un plan pour chaque éventualité.

Cependant, la prise de risques ne s'arrête pas une fois que la décision est prise. Les entrepreneurs avertis anticipent les problèmes potentiels et élaborent des solutions pour les surmonter. Cela peut impliquer d'avoir un plan de secours en cas de besoin (le fameux Plan B), de minimiser les conséquences négatives ou même de décider de mettre un projet en pause si nécessaire.

Il est également important de se rappeler que la prise de risques ne concerne pas uniquement les finances. Elle englobe également la créativité, l'innovation, les partenariats et la direction globale de l'entreprise. Parfois, explorer de nouvelles idées, adopter de nouvelles technologies ou collaborer avec de nouveaux partenaires peut comporter un certain degré de risque.

En conclusion, une des clés de la réussite d'une entreprise est le bon équilibre qui existe entre l'audace et la prudence. La prise de risques ne consiste pas à agir impulsivement, mais à prendre des décisions éclairées. Les entrepreneurs les plus accomplis sont ceux qui saisissent les opportunités tout en minimisant les risques inutiles. L'entrepreneuriat n'est pas une aventure hasardeuse, mais un parcours stratégique.

En pratique

Vous lancez une activité dans le domaine des services aux entreprises et, tout naturellement, vous vous tournez vers votre ancien employeur. Celui-ci accepte une mission et vous démarrez. Vous vous focalisez tellement sur ce client que vous ne réalisez pas qu'à la fin du contrat, vous n'avez rien … Prendre le risque de se focaliser sur un seul client est très dangereux, de même que travailler avec un seul fournisseur …

Savoir déterminer ses limites et définir son "risque admissible"

L'un des éléments fondamentaux qui distinguent les entrepreneurs qui réussissent des autres est leur capacité à gérer les risques avec discernement. Loin de sauter tête baissée dans l'inconnu, ils comprennent l'importance de déterminer leurs limites et de définir ce que l'on appelle le "risque admissible". Dans ce chapitre je vais aborder cette notion qui peut sembler assez abstraite de prime abord.

Comme on l'a vu dans le chapitre précédent, dans l'univers de l'entrepreneuriat, la notion de prise de risque est omniprésente. Ainsi, l'astuce est de savoir équilibrer l'audace et la prudence. Il ne s'agit pas de tout risquer ou de tout éviter, mais plutôt de naviguer judicieusement entre les deux notions. Une partie cruciale de cette équation est la compréhension de vos propres limites.

Le concept de "risque admissible" revêt une importance capitale. Il désigne le niveau de risque que vous êtes prêt à assumer dans votre démarche entrepreneuriale. Il ne s'agit pas de parvenir à l'absence totale de risque, ce qui est rarement réalisable, mais de fixer un seuil acceptable en fonction de votre situation personnelle. Cette évaluation inclut des éléments tels que vos ressources financières, vos compétences, vos objectifs et votre seuil de tolérance au risque.

Définir votre "risque admissible" exige une évaluation rationnelle et basés sur des éléments concrets. Avant de vous engager dans une nouvelle entreprise, prenez le temps d'analyser en profondeur la situation. Cela peut impliquer des études de marché détaillées, des analyses de la concurrence et des prévisions sur les défis potentiels à relever. Plus vous aurez acquis de connaissances, plus vous serez à même de prendre des décisions éclairées concernant vos limites et votre niveau de risque acceptable.

La détermination de votre "risque admissible" prend en compte plusieurs facteurs. Votre situation financière est un élément central à considérer. Combien êtes-vous disposé à investir sans compromettre votre stabilité personnelle ? Dit autrement : combien êtes-vous prêt à perdre sans que cela mette votre entreprise ou votre vie personnelle en danger ? Vos compétences et votre expérience joueront également un rôle : Êtes-vous prêts à faire face aux défis inattendus qui pourraient se présenter ?

Une fois que vous avez clairement défini votre "risque admissible", vous êtes mieux préparé pour affronter les défis potentiels. En ayant une idée précise de vos limites, vous pouvez élaborer des stratégies d'urgence et des plans B pour faire face à l'inattendu. Vous agirez alors avec confiance, sachant que vous êtes prêts à gérer un certain niveau de risque.

En conclusion, le chemin du succès dans l'entrepreneuriat implique la capacité de définir votre "risque admissible". Ce n'est pas seulement une question d'audace aveugle, mais de navigation intelligente à travers les eaux tumultueuses des opportunités et des incertitudes. Prenez le temps de définir vos limites, d'évaluer ce que vous êtes prêts à risquer et de créer une stratégie réfléchie qui vous mènera vers les sommets que vous visez.

En pratique

Vous vous lancez dans un projet de création d'entreprise et vous avez des économies devant vous de 30 000 €. Vous avez besoin de 2 000 € par mois pour vivre sans vous mettre en danger et vous savez que, raisonnablement, au vu de votre expertise, vous pouvez retrouver un travail en 6 mois. Vous devez donc sanctuariser 12 000 € et ne consacrer à votre projet entrepreneurial que 18 000 €.

Idée reçue #4
Un entrepreneur est riche

> *"Poursuivez la vision, pas l'argent, l'argent finira par vous suivre. "*

> Tony Hsieh, PDG de Zappos

La véritable richesse d'un entrepreneur se mesure bien au-delà des chiffres : elle réside dans l'entreprise elle-même. Elle grandit avec chaque obstacle surmonté, chaque client satisfait et chaque pas vers la réalisation de votre vision.

Pour que vous compreniez bien que l'idée qui consiste à dire qu'un entrepreneur est nécessairement riche, erronée et dangereuse, je vais vous montrer que :

- Vous ne gagnerez pas forcément bien votre vie au commencement de votre activité
- Il existe une vérité cachée derrière l'image de l'entrepreneur riche
- la vraie richesse de l'entrepreneur c'est son entreprise

Vous ne gagnerez pas forcément bien votre vie au commencement de votre activité

Il est essentiel de comprendre que les débuts peuvent être modestes, et que la stabilité financière n'est jamais garantie dès le départ. Vous pourriez ne pas gagner forcément bien votre vie au commencement de votre activité, mais gardez toujours en tête que cette phase initiale est le socle sur lequel vous construirez votre réussite future.

Lorsque vous entreprenez, il est important de garder à l'esprit que la croissance n'arrive généralement pas du jour au lendemain. Les premiers mois, voire les premières années, peuvent être marqués par des revenus limités. C'est une période où la patience et la persévérance sont vos alliées. Les débuts modestes ne sont pas un signe d'échec, mais plutôt une étape incontournable sur le chemin de la réussite entrepreneuriale.

Les défis financiers initiaux font partie intégrante de l'apprentissage entrepreneurial. Vous apprendrez à gérer votre budget de manière rigoureuse, à trouver des moyens créatifs de réduire les coûts et à optimiser les ressources à votre disposition. Ainsi, outre que ces habitudes vont vous permettre de passer cette période difficile au mieux, ces compétences d'adaptation et de gestion seront inestimables à mesure que votre entreprise se développera.

Malgré les revenus irréguliers et les difficultés financières qui peuvent survenir, il est essentiel de persévérer. La croissance d'une entreprise prend du temps et demande des efforts constants. Les débuts modestes ne sont que le début de votre voyage. Votre persévérance et votre engagement envers votre vision contribueront à façonner le succès futur de votre entreprise.

Voir au-delà des débuts modestes nécessite une vision à long terme. Les gains financiers peuvent être lents à se concrétiser, mais chaque effort que vous fournissez dans votre entreprise peut être vu comme un investissement qui pose des bases solides pour l'avenir. Lorsque vous bâtissez une réputation, fidélisez des clients et établissez des relations solides, vous créerez ainsi des bases pour une croissance durable.

En jonglant avec les revenus irréguliers, vous allez apprendre à équilibrer vos finances personnelles et celles de votre entreprise. La gestion judicieuse de vos ressources devient alors une compétence essentielle. Vous pouvez envisager de créer un matelas de sécurité pour faire face aux périodes de vaches maigres et vous concentrer sur des stratégies d'expansion à long terme.

Les débuts de votre activité vous fournissent l'opportunité de développer vos compétences, de tester différentes approches et de créer une base solide pour l'avenir. Lorsque vous parvenez à transformer cette phase initiale en un tremplin vers l'indépendance financière, vous pouvez être fier de vous !

Pour résumer, l'entrepreneuriat est une quête qui requiert de la détermination et de la persévérance. Vous pourriez ne pas gagner forcément bien votre vie au commencement de votre activité, mais chaque défi surmonté vous rapproche un peu plus du succès que vous recherchez. La clé de la réussite réside dans votre capacité à rester concentré sur votre vision, à ajuster votre approche lorsque nécessaire et à persévérer dans l'effort jusqu'à ce que votre entreprise prospère.

En pratique

Lorsque Lydie a créé son site de vente en ligne de savons pour chiens, il lui a fallu acheter un peu de stock, acheter de la publicité sur Facebook et Google, acheter tout ce qui permet de gérer l'emballage des produits, etc.. Ce n'est qu'après 3 mois que ses premières ventes sont arrivées, mais elle n'a réellement pu commencer à se payer qu'après 1 an d'activité de sa boutique en ligne, le temps que le chiffre d'affaires réalisé soit supérieur à ses charges ...

La vérité cachée derrière l'image de l'entrepreneur riche

Bien que certains entrepreneurs puissent éventuellement connaître le succès financier, il est essentiel de comprendre que la richesse n'est pas une garantie, et que la route vers le succès est rarement pavée d'or.

Lorsqu'on évoque les entrepreneurs à succès, on a toujours en tête les mêmes noms : Bernard Arnault, Elon Musk, Bill Gates, Xavier Niel, etc.. Il est alors facile d'imaginer des résidences somptueuses, des voitures de luxe et un style de vie extravagant. Cependant, la plupart des entrepreneurs ne commencent pas avec de telles richesses. Les débuts sont souvent modestes, avec des ressources limitées et des finances tendues. L'entrepreneuriat exige souvent des sacrifices personnels et financiers avant de pouvoir récolter les fruits du succès.

La vérité est que le chemin vers le succès entrepreneurial est semé d'embûches financières. Les entrepreneurs doivent jongler avec des revenus irréguliers, des dépenses inattendues et des périodes de vaches maigres. Les premières années peuvent être marquées par des flux de trésorerie limités et des marges bénéficiaires minces. La réalité financière exige une gestion prudente des ressources et une planification rigoureuse pour faire face aux imprévus.

L'une des raisons pour lesquelles l'idée de richesse entrepreneuriale est répandue est la croyance en un investissement initial important. Cependant, cet investissement ne se traduit pas toujours par des profits immédiats. L'argent injecté dans l'entreprise peut être utilisé pour le développement, le marketing, la recherche et d'autres dépenses nécessaires à la croissance. Les risques inhérents à l'entrepreneuriat signifient que tous les investissements ne se traduisent pas nécessairement par des rendements substantiels.

Un autre élément essentiel à considérer est le facteur temps. Le succès financier dans l'entrepreneuriat ne se produit généralement pas du jour au lendemain. Les entreprises ont souvent besoin de temps pour établir une clientèle fidèle, développer des produits et des services de qualité et renforcer leur réputation. La patience est une vertu cruciale pour tout entrepreneur qui aspire à la richesse à long terme.

Il est également important de garder en tête que le succès entrepreneurial ne se mesure pas uniquement en termes de richesse financière. Certains entrepreneurs peuvent obtenir des satisfactions immatérielles, comme l'impact positif qu'ils ont sur leur communauté, leur contribution à des causes importantes ou la réalisation de leurs rêves personnels. La richesse peut prendre de nombreuses formes, et chaque entrepreneur a des objectifs et des motivations uniques.

En conclusion, il est temps de tordre le cou au mythe de l'entrepreneur automatiquement riche. Bien que certains entrepreneurs puissent atteindre un niveau de succès financier substantiel, la réalité est que l'entrepreneuriat recouvre un vaste champ de cas. La véritable richesse va au-delà chiffres et peut inclure des réalisations personnelles et une contribution significative à la société.

En pratique

A une réunion d'artisans dans le domaine de la menuiserie, le nombre de belles voitures garées sur le parking du restaurant laisse dire aux passants que, décidément, ces artisans gagnent bien leur vie pour se payer de telles voitures. Mais ces passants ont-ils seulement réalisé que pour quelques centaines d'euros par mois, les entreprises de ces artisans pouvaient louer ces véhicules en LOA (Location avec Option d'Achat) ? Peut-on pour autant dire que ces artisans sont riches ?

La vraie richesse d'un entrepreneur c'est son entreprise

Bien au-delà des apparences, la véritable richesse d'un entrepreneur réside souvent dans l'entreprise qu'il a créée. Dans ce chapitre vous allez voir que la richesse de l'entrepreneur inclut la valeur intrinsèque de l'entreprise elle-même.

Lorsque vous fondez une entreprise, vous créez bien plus qu'une simple source de revenus. Vous érigez un actif durable qui a le potentiel de générer de la valeur sur le long terme. La richesse entrepreneuriale ne se limite pas aux bénéfices immédiats ; elle réside dans la capacité de votre entreprise à répondre aux besoins du marché, à innover et à évoluer pour rester pertinente sur le long terme.

Une entreprise prospère ne crée pas seulement des richesses financières, mais elle peut également avoir un impact économique et social significatif. Elle peut contribuer à la création d'emplois, stimuler la croissance économique locale et jouer un rôle moteur dans la communauté. L'entrepreneur qui parvient à bâtir une entreprise solide participe ainsi activement au développement de la société.

La richesse entrepreneuriale est souvent étroitement liée à l'innovation. Les entrepreneurs qui sont capables de concevoir des produits ou des services novateurs répondant aux besoins du marché bénéficient d'une valeur ajoutée durable. L'innovation peut créer des avantages concurrentiels, renforcer la réputation de l'entreprise et attirer des clients fidèles, contribuant ainsi à la création de richesse à long terme.

La construction d'une marque solide est l'un des investissements les plus précieux qu'un entrepreneur puisse faire. Une marque bien établie génère de la confiance et de la reconnaissance, ce qui peut entraîner une clientèle fidèle, des revenus récurrents et des opportunités d'expansion. Une marque solide peut même devenir une valeur d'entreprise en soi, ajoutant à la richesse globale de l'entrepreneur.

Pour de nombreux entrepreneurs, la richesse ne se mesure pas seulement en termes financiers, mais également en termes de réalisation personnelle. La poursuite et la réalisation de vos objectifs, qu'il s'agisse de créer un impact positif, de concrétiser une passion ou d'atteindre un niveau de liberté professionnelle, peuvent contribuer à la richesse globale que vous retirez de votre entreprise.

Certains entrepreneurs voient la richesse de leur entreprise comme un héritage qu'ils laissent derrière eux. Bâtir une entreprise durable et solide peut avoir un impact durable sur les générations futures. Cela peut devenir un legs qui continue de générer de la valeur pour les membres de la famille, les partenaires commerciaux et la communauté.

Pour résumer, la richesse entrepreneuriale est une combinaison complexe de facteurs financiers, émotionnels et sociaux. L'entreprise que vous créez est un actif précieux qui peut générer une richesse durable à travers les années. La vision à long terme, l'engagement envers l'innovation, la construction d'une marque solide et la réalisation de vos objectifs personnels contribuent tous à la richesse globale que vous créez en tant qu'entrepreneur.

En pratique

Lorsqu'on parle de la fortune ou de la richesse des entrepreneurs à succès, on oublie souvent de dire que cette richesse est essentiellement celle de l'entreprise de la personne. La valorisation de l'entreprise, ramenée au pourcentage de parts détenues par la personne, fait sa richesse. Mais si demain la société voit sa valorisation chuter, alors le dirigeant n'est plus aussi riche ...

Idée reçue #5
Un entrepreneur doit posséder une entreprise

"Tous les êtres humains sont des entrepreneurs, non pas parce qu'ils devraient créer des entreprises, mais parce que la volonté de créer est codée dans l'ADN humain. "

Reid Hoffman, homme d'affaires et investissseur

L'idée préconçue que tout entrepreneur possède nécessairement une entreprise est principalement liée à la similitude entre les deux termes. Bien que dans la plupart des cas le concept d'entrepreneuriat soit associé à une ou des entreprises, il peut également se manifester par la création de projets, d'initiatives indépendantes ou de collaborations innovantes. L'essence de l'entrepreneuriat réside dans la créativité, la prise de risque et la recherche de nouvelles opportunités, qu'elles soient ou non liées à une entreprise traditionnelle.

Dans ce chapitre, je vais m'intéresser à plusieurs sujets qui vont montrer que le fait d'associer entrepreneur et entreprise est un a priori :

- On peut entreprendre dans des projets associatifs
- On peut être intrapreneur
- Entrepreneur est-il un statut social ?

Entreprendre dans des projets associatifs

L'entrepreneuriat ne se limite pas aux seules entreprises à but lucratif. Il trouve également sa place au cœur des projets associatifs qui visent à créer un impact positif dans la société. Dans ce chapitre je vais montrer comment entreprendre dans des projets associatifs peut redéfinir l'essence même de l'entrepreneuriat.

Les projets associatifs sont une forme spécifique d'entrepreneuriat qui met l'accent sur la création de valeur sociale plutôt que sur les bénéfices financiers. Les entrepreneurs dans ce domaine innovent, mobilisent des ressources et travaillent à résoudre des problèmes sociaux importants. Ils incarnent l'esprit entrepreneur tout en poursuivant une mission altruiste et impactante.

Les entrepreneurs associatifs identifient des besoins non satisfaits dans la société et cherchent à y répondre par le biais d'initiatives ciblées. Ils sont les moteurs du changement, en travaillant pour améliorer la qualité de vie des communautés, promouvoir l'éducation, protéger l'environnement ou lutter contre l'injustice. Leur impact se mesure en termes de transformation sociale, offrant une nouvelle perspective sur la portée de l'entrepreneuriat.

Tout comme les entrepreneurs commerciaux, les entrepreneurs associatifs doivent faire preuve d'ingéniosité dans la gestion des ressources. La recherche de financements, la mobilisation des bénévoles et la planification stratégique sont autant de défis à relever pour concrétiser leur vision. En particulier, la recherche de ressources financières est un travail à temps plein car il ne s'agit pas seulement de trouver des subventions publiques, mais aussi de convaincre des personnes de payer pour utiliser les services proposés par l'association.

L'innovation sociale est au cœur de l'entrepreneuriat associatif. Les entrepreneurs dans ce domaine cherchent à repenser les approches traditionnelles pour aborder les problèmes sociaux de manière novatrice. Leur créativité ouvre la voie à de nouvelles solutions, des partenariats collaboratifs et des initiatives qui ont un impact durable.

Contrairement aux indicateurs de succès financiers souvent utilisés dans les entreprises commerciales, les projets associatifs mesurent le succès en termes d'impact social. Les vies améliorées, les communautés renforcées et les problèmes résolus sont les indicateurs tangibles de la réussite pour les entrepreneurs associatifs. Leur motivation est ancrée dans la quête de changements positifs et durables.

Entreprendre dans des projets associatifs permet donc d'aller au-delà de la notion traditionnelle de l'entrepreneur. Cela met en lumière la diversité des façons dont l'entrepreneuriat peut se manifester. Les entrepreneurs associatifs incarnent la passion, la détermination et l'engagement envers le bien commun. Leurs efforts contribuent à créer une société plus équitable et plus inclusive.

En conclusion, entreprendre dans des projets associatifs redéfinit l'entrepreneuriat en transcendant les frontières traditionnelles. Les entrepreneurs associatifs poursuivent des objectifs sociaux et cherchent à créer un impact positif à long terme. Leur travail ne se limite pas aux profits financiers, mais vise à créer une richesse plus profonde :

celle d'une société meilleure et plus équilibrée. *Le monde a besoin d'entrepreneurs qui entreprennent avec leur cœur, et les projets associatifs démontrent qu'entreprendre ne se limite pas à la seule possession d'une entreprise commerciale.*

En pratique

Les associations connues comme Emmaüs, la SPA ou d'autres sont des lieux où entreprendre n'est pas un vain mot. On retrouve les mêmes contraintes que dans l'entrepreneuriat commercial "classique", mais dans une structure différente. Un dernier point important : on peut très bien percevoir une rémunération dans des associations de ce type. Etre à but "non lucratif", ne signifie pas que tout le monde est bénévole …

Intrapreneur ou Entrepreneur ?

Il existe deux statuts distincts qui se complètent : l'intrapreneur et l'entrepreneur. L'intrapreneur est celui qui innove et crée de la valeur au sein d'une entreprise existante, tandis que l'entrepreneur est celui qui construit son entreprise à partir de zéro. Dans ce chapitre, nous allons étudier ces deux façons d'entreprendre et montrer que l'entrepreneuriat ne se résume donc pas à la possession d'une entreprise.

Lorsque vous endossez le rôle d'intrapreneur, vous agissez en quelque sorte comme un entrepreneur au sein d'une entreprise déjà établie. Vous partagez de nombreuses qualités avec l'entrepreneur, comme la créativité, la capacité à prendre des risques et la capacité à repérer les opportunités. La principale différence réside dans le fait que vous travaillez au sein de l'entreprise existante pour développer de nouvelles idées, produits ou services.

En tant qu'intrapreneur, votre rôle est essentiel à l'innovation et à la croissance de votre organisation. Vous êtes souvent à l'origine de nouvelles gammes de produits, de l'amélioration des processus internes ou de l'exploration de nouveaux marchés. Des exemples célèbres abondent, comme lorsque des employés de grandes entreprises ont conçu des produits tels que Gmail chez Google ou l'iPhone chez Apple. Ces individus ont apporté une contribution significative à leur entreprise, agissant comme des entrepreneurs internes.

En tant qu'intrapreneur, vous bénéficiez également d'un avantage considérable par rapport à l'entrepreneur traditionnel : vous avez accès aux ressources et à l'expertise de votre organisation. Vous pouvez ainsi tirer profit du soutien financier, des infrastructures et de la notoriété de l'entreprise pour mettre en œuvre vos idées. Cependant, cela ne signifie pas que votre rôle d'intrapreneur est moins exigeant. Vous devez souvent naviguer dans un environnement d'entreprise complexe, négocier avec différentes parties prenantes et surmonter la résistance au changement.

L'entrepreneur, quant à lui, est l'individu qui fonde et possède sa propre entreprise. Cette forme d'entrepreneuriat est souvent perçue comme la plus risquée, car vous devez créer votre entreprise à partir de zéro, mobiliser des ressources financières, constituer une équipe et prendre toutes les décisions cruciales.

Cependant, en tant qu'entrepreneur, vous bénéficiez d'une plus grande indépendance et du contrôle total sur votre entreprise. Vous pouvez développer une vision unique, prendre des risques calculés et, en cas de succès, récolter directement les fruits de vos efforts.

En conclusion, il est temps de remettre en question l'idée reçue selon laquelle un entrepreneur doit forcément posséder une entreprise. Cette vision erronée ne rend pas compte de la réalité complexe de l'entrepreneuriat. Les intrapreneurs, comme les entrepreneurs, jouent un rôle vital en créant de la valeur au sein des organisations existantes. L'entrepreneuriat englobe bien plus que la création d'entreprises ; il inclut également l'innovation et la création de valeur au sein des entreprises existantes.

En tant qu'intrapreneur ou entrepreneur, vous avez tous les deux un impact significatif sur votre entreprise et contribuez à l'économie en général, que vous possédiez ou non votre propre entreprise. Vous êtes des moteurs de croissance, de compétitivité et de durabilité pour vos organisations respectives. L'essentiel est de suivre votre passion, de prendre des risques calculés et de contribuer à la société à votre manière unique, que ce soit en tant qu'intrapreneur ou entrepreneur.

En pratique

Si vous souhaitez vous lancer dans l'entrepreneuriat, démarrer comme intrapreneur peut être une première étape intéressante. Vous devrez commencer par convaincre la direction de la pertinence de votre projet, puis négocier un budget … Ensuite, vous pouvez développer ce projet et, s'il aboutit et que l'entreprise ne souhaite pas le développer, il peut y avoir création d'un "spin off", autrement dit, du détachement de l'équipe du projet pour qu'elle devienne une entreprise à part entière … Vous devenez alors entrepreneur à plein temps …

Entrepreneur, un statut social ?

Il est souvent admis qu'un entrepreneur est forcément le propriétaire d'une entreprise, mais il a été montré précédemment que cela n'était pas forcément le cas. Dans ce chapitre, nous allons regarder ce qu'il en est de la perception sociale de l'entrepreneuriat et remettre en question cette croyance selon laquelle un entrepreneur doit posséder une entreprise pour être considéré comme tel.

Il est indéniable que vous, en tant qu'entrepreneur, jouez un rôle clé dans l'économie mondiale. Vous créez des emplois, stimulez l'innovation et contribuez à la croissance économique. Cependant, cela fait-il sens de réduire l'entrepreneur au simple statut social de propriétaire d'une entreprise ? Pour répondre à cette question, examinons les diverses formes d'entrepreneuriat qui vont au-delà de la création d'une entreprise.

Comme cela a été expliqué dans le chapitre précédent, l'intrapreneur est l'exemple parfait de la manière dont l'entrepreneuriat dépasse la notion de simple possession d'une entreprise. En tant qu'intrapreneur, vous êtes des individus au sein d'une organisation existante qui adoptez une approche entrepreneuriale pour développer de nouvelles idées, produits ou services. Vous partagez de nombreuses caractéristiques avec les entrepreneurs classiques, comme la créativité, la prise de risques et l'orientation vers l'innovation.

Le statut social de l'intrapreneur est celui de salarié. Mais comme intrapreneur, votre rôle et votre mission vont donc bien au-delà des postes classiques comme ceux de chef de projet. Il n'en reste pas moins que vous êtes salarié. D'ailleurs, si vous devez expliquer un jour à des amis ce que vous faites, allez-vous insister sur la nature du projet sur lequel vous travaillez ou sur votre statut social ? Il y a fort à parier que ce soit plutôt le premier cas. On peut donc en déduire que, dans ce cas, le statut social est secondaire.

Vous pouvez choisir, comme de plus en plus de professionnels, de travailler en tant que travailleur indépendant ou freelance, c'est-à-dire sans posséder une entreprise au sens traditionnel du terme. Vous exercez votre activité en solo ou en collaboration avec d'autres, mais vous n'êtes pas nécessairement propriétaire d'une entité commerciale.

En tant que travailleur indépendant vous êtes l'entrepreneur de votre propre vie professionnelle. Vous gérez votre emploi du temps, prenez des décisions commerciales et êtes responsables de votre succès. Votre statut social va alors varier avec le volume d'activité que vous réalisez et du statut juridique de votre activité. Vous pouvez en effet être Président, Gérant, Indépendant, etc..

Enfin, il est important de ne pas oublier la contribution des entrepreneurs sociaux et des bénévoles. En tant que tels, vous consacrez votre temps et votre énergie à des projets ayant un impact social ou environnemental, sans nécessairement chercher à en tirer un profit financier.

Votre motivation est souvent ancrée dans le désir de faire une différence dans la société.

Les entrepreneurs sociaux transcendent la notion de statut social basée sur la propriété d'une entreprise. Leur réussite et leur impact sont mesurés différemment, en termes de bénéfices pour la communauté ou la planète. Leur statut social prend alors une dimension plus sociétale. A ce titre, peut-on dire que le Président ou la Présidente d'une association "possède" son association ? La réponse est clairement non. Il ou elle est dépositaire d'un ensemble de responsabilité, mais ne tire aucun profit financier personnel de son activité.

Pour conclure, on peut donc dire qu'il est essentiel de bien comprendre la diversité de l'entrepreneuriat. Cela permet de dépasser l'idée reçue selon laquelle la possession d'une entreprise est le seul chemin vers le statut d'entrepreneur. L'entrepreneuriat est une force motrice qui peut prendre de nombreuses formes, toutes aussi importantes les unes que les autres pour le progrès de la société et de l'économie.

En pratique

Etre entrepreneur est essentiellement un état d'esprit. Ce n'est pas un "métier", mais une activité qui regroupe plusieurs métiers. Gardez toutefois en tête que votre statut social sera surtout déterminé par la nature de la structure juridique dans laquelle vous exercerez votre activité.

Idée reçue #6
Un entrepreneur ne doute pas de lui

*"L'action seule suffit pour mettre à bout tout
doute quelle que soit sa nature."*

Thomas Carlyle, écrivain et essayiste

Le doute fait partie intégrante du parcours entrepreneurial.
Les entrepreneurs sont confrontés à des défis constants,
des décisions cruciales et des incertitudes. Leur succès
repose souvent sur leur capacité à reconnaître ces doutes,
à les affronter et à en tirer des leçons. Le doute est en
réalité le moteur de la créativité, de l'innovation et de
l'amélioration continue. Ainsi, un véritable entrepreneur
n'est pas quelqu'un qui n'a jamais de doutes, mais plutôt
quelqu'un qui sait les surmonter avec détermination et
persévérance.

Dans ce chapitre, je vais aborder cette notion du doute
chez l'entrepreneur en trois temps :
- Savoir reconnaître qu'on a des doutes
- Savoir surmonter ses doutes
- Savoir prendre des décisions

Savoir reconnaître qu'on a des doutes

L'entrepreneuriat est un chemin parsemé d'incertitudes et de défis, et le doute en fait partie intégrante. Dans ce chapitre, je vais montrer pourquoi il est essentiel pour des entrepreneurs de reconnaître qu'ils peuvent avoir des doutes, et comment cette reconnaissance peut être un atout précieux pour leur réussite.

L'image de l'entrepreneur infaillible, sûr de lui en toute circonstance, est souvent propagée par les médias et la culture populaire. Qui n'a jamais entendu parler de ces entrepreneurs capables de prendre des décisions rapidement, en étant sûrs d'eux ? Cette représentation idéalisée peut créer des attentes irréalistes et exercer une pression supplémentaire sur vous, lorsque vous vous lancez dans l'entrepreneuriat. Pourtant, douter fait partie intégrante de l'entrepreneuriat, et il est essentiel d'intégrer cette donnée.

Plusieurs facteurs contribuent au doute chez les entrepreneurs.

Tout d'abord, l'entrepreneuriat est souvent synonyme d'incertitude. Les marchés évoluent, les concurrents sont nombreux, et il est impossible de prédire l'avenir avec certitude. Cette incertitude peut entraîner des doutes quant à la viabilité de vos idées ou de vos projets.

Ensuite, vous devez gérer des ressources limitées et prendre des décisions financières cruciales. Les doutes sur votre capacité à maintenir la rentabilité peuvent surgir, en particulier lors de périodes économiques difficiles.

Par ailleurs, il faut avoir conscience du fait que tout entrepreneur connaîtra des revers à un moment donné. Pourtant, ces échecs, quoique faisant partie de la vie d'un entrepreneur, peuvent susciter des doutes sur vos compétences et votre capacité à réussir.

Enfin, vous portez de nombreuses casquettes, de la gestion opérationnelle à la stratégie marketing en passant par les relations clients ou la gestion financière de votre projet entrepreneurial. Cette charge de travail peut engendrer des doutes quant à la gestion efficace de toutes ces responsabilités.

Vous avez ainsi un très grand nombre d'occasions de douter. Mais il y a une différence entre avoir des occasions de douter et reconnaître que vous pouvez douter dans ces occasions. Pourtant, en tant qu'entrepreneur, reconnaître vos doutes est essentiel, et ce pour plusieurs raisons.

Premièrement, accepter vos doutes est un signe de réalisme. Il est naturel de se questionner dans un environnement aussi complexe et changeant que l'entrepreneuriat. En reconnaissant ces doutes, vous pouvez mieux les comprendre et les gérer.

Deuxièmement, les doutes peuvent être une opportunité d'apprentissage et de croissance personnelle. En les affrontant, vous pouvez acquérir de nouvelles compétences et développer de nouvelles perspectives.

Troisièmement, reconnaître vos doutes renforce votre résilience. Vous apprenez à persévérer face aux obstacles et à surmonter les échecs, plutôt que de les considérer comme des preuves de votre incompétence.

Quatrièmement enfin, vous devenez plus enclin à vous adapter à un environnement en constante évolution en reconnaissant vos doutes. Vous êtes ouverts aux changements et aux ajustements nécessaires pour réussir.

Ainsi, pour résumer, l'idée reçue selon laquelle un entrepreneur ne doute jamais de lui est une illusion. Les doutes font partie intégrante de l'entrepreneuriat, et leur reconnaissance est essentielle pour la croissance personnelle, la résilience et l'adaptabilité. Savoir reconnaître qu'on a des doutes est la première étape importante dans la lutte permanente que l'entrepreneur a contre son pire ennemi : le déni.

En pratique

Vous devez lancer une nouvelle offre ou un nouveau produit et nous n'êtes pas sûr que cela soit une bonne idée. Vous avez des doutes sur les performances attendues ... La première chose à faire est de vous interroger : est-ce moi qui ai des doutes sur ce lancement ? Autrement dit, les interrogations que j'ai viennent-elles de moi, autrement dit sont-elles subjectives ? Ou viennent-elles d'éléments objectifs extérieurs ?

Savoir surmonter ses doutes

Une fois que vous avez accepté l'idée qu'une des qualités de l'entrepreneur est de reconnaître qu'il peut avoir des doutes sur différents points, il faut être capable d'aller plus loin, c'est-à-dire de surmonter ces doutes. En effet, accepter une situation est une chose, vouloir la faire évoluer en est une autre. Dans ce chapitre, nous allons regarder l'importance de savoir surmonter ses doutes en tant qu'entrepreneur, et comment cette compétence peut être cruciale pour la réussite.

Savoir surmonter ses doutes est essentiel pour plusieurs raisons :

- reconnaître et surmonter les doutes permet à l'entrepreneur de prendre des décisions éclairées plutôt que de céder à l'inaction par peur de l'échec ;
- les doutes peuvent être une opportunité d'apprentissage et de croissance personnelle. En les surmontant, l'entrepreneur peut ainsi acquérir de nouvelles compétences et découvrir de nouvelles perspectives ;
- surmonter les doutes renforce la résilience de l'entrepreneur. Il apprend à persévérer face aux obstacles et à rebondir après des revers ;
- les doutes peuvent stimuler l'innovation. Ils poussent ainsi l'entrepreneur à rechercher des solutions créatives et à explorer de nouvelles voies pour atteindre ses objectifs.

Une fois que vous avez bien compris qu'il était essentiel de savoir surmonter ses doutes, il est nécessaire de comprendre et de découvrir comment le faire. Il existe pour cela plusieurs méthodes.

Tout d'abord, il est important de discuter de ses doutes avec des mentors, des pairs ou des conseillers. Cela peut offrir des perspectives précieuses et des conseils pratiques.

Ensuite, investir dans l'apprentissage continu et le développement des compétences peut aider à renforcer la confiance en soi. La confiance en soi n'élimine pas les doutes qu'on peut avoir, mais aide à en prendre conscience et à les accepter.

Prendre du recul pour réfléchir sur ses doutes et élaborer un plan d'action clair peut apporter une direction et une confiance accrue. Cela permet de prendre de la hauteur et de relativiser la situation.

Enfin, comprendre que l'échec fait partie du parcours entrepreneurial peut aider à surmonter les doutes liés à la peur de l'échec. Encore une fois, ce n'est pas parce que vous accepterez l'éventualité d'un échec que vous deviendrez fataliste, mais vous serez plus serein face à une situation complexe.

Vous remarquerez que ces démarches impliquent votre propre personne et des tiers extérieurs à votre entreprise. En effet, il peut être difficile, pour un entrepreneur, de s'ouvrir de ses doutes auprès de son personnel, s'il en a. Le fait de faire intervenir un acteur extérieur à l'entreprise a également l'avantage qu'il n'y aura pas de jugement de sa part vis-à-vis de l'activité de l'entreprise. Ce tiers n'a pas d'affect particulier avec l'entreprise et pourra donc tenir un discours plus neutre et objectif.

Pour conclure, on peut dire que savoir surmonter ses doutes est la seconde étape après avoir reconnu que vous aviez le droit d'avoir d'en avoir. En effet, reconnaître un problème est une chose, le traiter en est une autre. Apprendre à surmonter ses doutes peut nécessiter un travail sur soi important et de se faire aider par des personnes extérieures. Cette seconde solution étant souvent la plus efficace car cela apporte un regard objectif et neutre.

En pratique

Dans la suite de la situation décrite au chapitre précédent, une fois que vous avez compris que les interrogations que vous avez proviennent de vos propres doutes, vous devez travailler sur la façon de les surmonter. Pour cela, vous devez commencer par comprendre de quelle nature sont ces doutes. Une fois ce travail fait, vous saurez ce sur quoi travailler.

Savoir prendre des décisions

La notion de doute est intimement liée à celle de prise de décision. En effet, si les doutes sont trop forts dans une situation donnée, alors la prise de décision peut être affectée et on aboutit à une situation de blocage. Pourtant, savoir prendre des décisions est fondamental pour un entrepreneur car c'est un moyen très efficace d'avancer. Dans ce chapitre, je vais montrer à quel point savoir prendre des décisions est une qualité déterminante pour le succès.

Savoir prendre des décisions est essentiel pour plusieurs raisons.

Premièrement, les décisions guident la direction stratégique de l'entreprise. En prenant des décisions éclairées, l'entrepreneur peut définir et atteindre ses objectifs avec succès.

Ensuite, savoir prendre des décisions permet d'encourager l'innovation. L'entrepreneur peut explorer de nouvelles idées, lancer de nouveaux produits ou services et rester compétitif sur le marché.

Troisièmement, les décisions aident à gérer les risques. En évaluant les avantages et les inconvénients qu'une décision implique, l'entrepreneur peut minimiser les risques potentiels et maximiser les opportunités.

Enfin, prendre des décisions rapides et éclairées permet à l'entrepreneur de s'adapter rapidement à un environnement en constante évolution.

Maintenant que vous êtes convaincu que savoir prendre des décisions est nécessaire, voire vital pour votre activité, reste à savoir comment le faire. Pour cela, il existe une méthode efficace en 5 points.

Premièrement, rassemblez toutes les informations pertinentes avant de prendre une décision. Cela inclut la recherche de marché, les retours des clients, et l'analyse des données. Cette étape doit être faite de la façon la plus objective possible pour ne pas "polluer" ces données par des biais de confirmation.

Deuxièmement, consultez des experts, des mentors ou des conseillers pour obtenir des opinions et des conseils objectifs. Cela vient compléter le point précédent et peut s'avérer très utile si le sujet concerné est complexe ou hors de votre champ de compétences.

Troisièmement, Passez en revue toutes les options disponibles et évaluez leurs avantages et inconvénients. Identifiez les conséquences potentielles de chaque décision. Un bon moyen pour cela est d'estimer le coût des décisions que vous prenez, les gains estimés et d'estimer le taux de succès. En multipliant ces coûts par les taux de succès, vous avez une idée de ce que telle décision peut rapporter si elle réussit, et ce qu'elle peut coûter si elle n'aboutit pas.

Quatrièmement, considérez l'impact à court, moyen et long terme de chaque décision. Déterminer comment cette décision affectera l'avenir de votre entreprise est très important, surtout à différents termes : une décision coûteuse à court terme peut s'avérer rentable à long terme, ou inversement …

Cinquièmement, soyez prêt à prendre des risques, mais assurez-vous qu'ils sont calculés et qu'ils correspondent à votre stratégie globale. Les risques que vous prenez doivent être considérés comme des investissements, avec leur corollaire qui est le retour sur investissement.

Pour résumer, savoir prendre des décisions est une compétence cruciale qui peut déterminer le succès d'une entreprise. Cela exige de l'audace, de la réflexion et de la capacité à gérer l'incertitude. L'entrepreneur qui maîtrise cet art est mieux préparé à relever les défis de l'entrepreneuriat et à pérenniser son activité dans un monde en constante évolution.

En pratique

Pour finir avec le cas présenté au début de ce chapitre, une fois que vous avez identifié les doutes qui pouvaient exister sur l'opération que vous envisagez et que vous avez compris que c'est vous qui aviez des doutes, vous devez récolter le maximum d'éléments objectifs pour confirmer ou infirmer vos doutes. Le but étant de prendre ensuite une décision éclairée, neutre et objective.

Idée reçue #7
Un entrepreneur sait tout faire

"Dans le futur, les leaders seront ceux qui savent donner le pouvoir aux autres."

Bill Gates, fondateur de Microsoft

Bien que les entrepreneurs soient souvent des individus polyvalents et débrouillards, ils ne peuvent pas tout maîtriser. La réussite entrepreneuriale repose sur la capacité à déléguer, à s'entourer de personnes compétentes et à apprendre en permanence. Les entrepreneurs à succès reconnaissent leurs limites, cherchent des conseils, et se concentrent sur leurs forces essentielles pour construire des équipes solides. L'entrepreneuriat est un voyage collaboratif où la diversité des compétences est souvent la clé du succès.

Dans ce chapitre, je vais aborder trois notions fondamentales pour déconstruire le mythe de l'entrepreneur qui sait tout faire :
- Il ne faut pas confondre "tout savoir faire" et "tout faire"
- Il faut savoir s'entourer
- Il faut savoir se focaliser sur l'essentiel

Ne pas confondre Tout savoir faire et Tout faire

L'entrepreneuriat est souvent associé à l'image d'individus aux compétences universelles, capables de tout gérer avec succès. Cependant, la réalité de la vie entrepreneuriale est beaucoup plus nuancée. Il est essentiel de bien comprendre la différence entre tout savoir faire et tout faire pour aboutir à une entreprise pérenne et durable. Dans chapitre, je vais montrer pourquoi il est crucial pour un entrepreneur de ne pas confondre ces deux notions et comment cela peut influencer positivement son parcours.

Le mythe de l'entrepreneur polyvalent, capable de jongler avec tous les aspects de son entreprise, est alimenté par des représentations médiatiques idéalisées. On nous présente souvent des entrepreneurs comme des super-héros, maîtrisant à la fois la gestion, le marketing, la finance, la technologie et bien d'autres domaines. Cependant, cette image ne correspond guère à la réalité.

En réalité, le constat est un peu plus nuancé. Tout va dépendre de votre statut d'entrepreneur. Il est clair que si vous démarrez votre activité comme consultant ou comme artisan, il va être nécessaire de tout savoir faire dans un premier temps. Vous devrez être en mesure de gérer les aspects techniques, commerciaux, comptables, etc.. tout simplement parce que vous n'avez pas nécessairement les ressources financières suffisantes pour vous payer les services de personnes expertes dans ces domaines. En revanche, si vous reprenez une entreprise ou que votre entreprise est un peu plus mature, vous n'aurez plus besoin de tout faire.

Tout savoir faire ne signifie pas tout faire soi-même. Comme entrepreneur, vous pouvez être compétent dans de multiples domaines, mais il n'est pas réaliste de penser que vous pouvez tout maîtriser.

On touche alors du doigt un sujet fondamental : ce n'est pas parce que vous savez tout faire que vous devez tout faire ... Il y a plusieurs aspects derrière cette affirmation. Premièrement, même si vous savez tout faire, vous n'avez pas le même niveau de compétences dans tous les domaines. Il y a nécessairement des sujets que vous maîtrisez mieux que d'autres. Deuxièmement, tout faire prend du temps et il n'y a que 24h dans une journée ... Troisièmement, savoir tout faire, ou plutôt, savoir comment fonctionnent les différents services d'une entreprise est intéressant dans la mesure où cela va vous permettre de mieux contrôler le travail que vous aurez confié à des tiers.

Il est donc nécessaire d'opérer la distinction entre "savoir tout faire" et "tout faire" car mélanger ces deux notions peut avoir des conséquences néfastes sur l'entreprise et sur vous-même.

Tout d'abord, tenter de tout faire peut entraîner une surcharge de travail, un épuisement professionnel et une baisse de la qualité du travail. A terme, cela se ressent donc sur l'activité et a des effets négatifs.

Ensuite, vous pouvez perdre du temps à gérer des tâches pour lesquelles vous n'êtes pas spécialisé, au détriment des activités qui exigent votre expertise. Cette perte d'efficacité peut être renforcée par le fait que les tâches "secondaires" que vous exécutez ne sont pas dans votre domaine d'expertise, ce qui rend votre travail sur ces sujets encore plus chronophage.

De plus, en ne déléguant pas, vous pouvez freiner la croissance de votre entreprise, car il est difficile de se développer sans une équipe compétente. A un moment, vous ne pourrez matériellement plus suivre, ce qui va vous mettre face à un choix : soit vous déléguez et libérez de votre temps pour faire croître l'entreprise, soit vous fixez de facto un plafond à votre activité.

Enfin, le temps et l'énergie consacrés à des tâches non spécialisées peuvent limiter la créativité et l'innovation entrepreneuriale puisque vous n'avez pas de temps consacré à ces aspects.

En conclusion, l'idée reçue selon laquelle un entrepreneur doit tout savoir faire est une simplification trompeuse de la réalité entrepreneuriale. Tout savoir faire ne signifie pas tout faire soi-même, et confondre ces deux notions peut avoir des conséquences néfastes sur l'entreprise et sur l'entrepreneur lui-même. De même, il existe une différence importante entre savoir tout faire et savoir tout faire correctement.

En pratique

Quand vous démarrez votre activité, un de vos soucis est de limiter les coûts. La tentation est alors forte de vouloir tout faire : la comptabilité, le commercial, la fabrication, la logistique, le suivi technique, etc.. Avant de commencer, il est impératif que vous fassiez un calendrier "théorique" sur lequel vous notez toutes les tâches que vous avez prévu de faire. En face, notez le temps réellement passé. Cela vous permettra de voir ce qui est chronophage et ce qui ne l'est pas ...

Savoir s'entourer

L'entrepreneur moderne est confronté à une multitude de défis, et il est essentiel de comprendre que la clé du succès réside souvent dans la capacité à s'entourer de personnes compétentes et complémentaires. Dans ce chapitre, je vais vous montrer quels sont les avantages de savoir s'entourer, comment le fait de s'entourer peut influencer positivement votre parcours entrepreneurial et quand il faut s'entourer de personnes.

Un entrepreneur doit disposer de plusieurs compétences pour réussir dans son entreprise. Parmi ces compétences, il y a celle qui consiste à savoir s'entourer. On ne citera jamais assez ces exemples qui ont fait passer un entrepreneur avec une idée à un entrepreneur à succès : Bill Gates chez Microsoft, Steve Jobs chez Apple ou d'autres moins connus ont pu développer leur entreprise parce qu'ils ont su s'entourer des bonnes personnes.

En réalité, savoir s'entourer apporte beaucoup d'avantages et d'intérêts. Premièrement, en s'entourant de personnes compétentes dans des domaines complémentaires, l'entrepreneur renforce son équipe et peut tirer parti de compétences spécialisées.

Ensuite, en déléguant les tâches qui ne correspondent pas à ses compétences clés, l'entrepreneur peut se concentrer sur ce qu'il fait de mieux et ajouter une véritable valeur à son entreprise.

La délégation permet en outre à l'entrepreneur de gérer son temps de manière plus efficace, en se concentrant sur la stratégie et la prise de décision.

De plus, s'entourer de personnes compétentes réduit le risque d'erreurs coûteuses et d'échecs potentiels.

Enfin, travailler avec d'autres professionnels permet à l'entrepreneur d'élargir son réseau, ce qui peut ouvrir des opportunités de partenariat et de croissance.

Mais savoir s'entourer des bonnes personnes est un art et nécessite des compétences particulières. Pour éviter les problèmes et que cet entourage tienne ses promesses, il est nécessaire de suivre quelques étapes.

Premièrement, déterminez quels sont les domaines où vous avez besoin d'une expertise supplémentaire. Identifiez ensuite les compétences nécessaires pour compléter les vôtres.

Deuxièmement, lorsque vous embauchez du personnel ou que vous collaborez avec d'autres professionnels, assurez-vous qu'ils possèdent les compétences et l'expérience requises pour contribuer de manière significative à votre entreprise. C'est à ce stade que connaître les compétences requises pour la fonction recherchée est très utile.

Troisièmement, faites en sorte que vos relations professionnelles soient basées sur la confiance, la communication ouverte et la collaboration. Une équipe solide repose sur de bonnes relations.

Quatrièmement, une fois que vous avez constitué votre équipe, déléguez les responsabilités en toute confiance et laissez à chacun la possibilité de contribuer de manière significative au fonctionnement global de l'entreprise. C'est d'ailleurs dans ce cas qu'on mesure la différence entre les personnes qui savent déléguer et les autres.

Cinquièmement enfin, soyez prêt à apprendre des personnes qui vous entourent. Les expériences et les perspectives différentes peuvent enrichir votre propre savoir et vous aider à grandir en tant qu'entrepreneur.

On a vu précédemment l'importance de savoir s'entourer des bonnes personnes, mais quand faut-il le faire ? y a-t-il un stade dans la vie de l'entreprise où cela devient nécessaire ? En fait, il n'y a pas de règle précise dans ce domaine. Il faut toutefois garder à l'esprit que s'entourer de compétences clefs est un véritable investissement qui peut permettre à votre entreprise de passer un cap.

Ainsi, et comme très souvent dans le monde de l'entreprise, il va falloir se prêter à un exercice parfois complexe, qui est de déterminer le retour sur investissement. Recruter une nouvelle personne n'est pas seulement une dépense, mais peut générer des revenus, directement (dans le cas d'un commercial ou d'un responsable de production par exemple) ou indirectement (dans le cas d'un comptable qui gère la trésorerie ou d'un consultant qui permet de réaliser une partie du travail de rédaction).

Le plus important sera donc de favoriser les postes qui sont les plus "rentables" dans le sens où le ratio de ce qu'ils rapportent sur ce qu'ils coûtent sont les plus favorables. En parallèle, il faudra également favoriser les compétences qui sont les plus chronophages pour vous. Ainsi, si vous passez 50% de votre temps à la prospection commerciale pour trouver de nouveaux clients, peut-être que se faire aider d'un freelance ou d'un commercial indépendant peut vous aider en passant plus de temps sur la gestion de l'offre.

On peut donc dire que, même s'il n'existe pas de règle précise pour savoir à quel moment il faut s'entourer des bonnes personnes, un bon indicateur est l'atteinte d'un palier dans votre développement. Si vous voulez franchir ce palier, vous devez penser à vous entourer des personnes qui pourront vous aider à le faire.

Pour conclure, savoir s'entourer de personnes compétentes et complémentaires est la clé du succès sur le court, le moyen et le long terme. Cela permet à l'entrepreneur de se concentrer sur ses forces essentielles, de gérer son temps de manière efficace, et de réduire les risques potentiels. L'entrepreneur qui comprend l'importance de savoir s'entourer peut mieux affronter les défis de l'entrepreneuriat tout en construisant une entreprise prospère et durable.

En pratique

On entend parfois que déléguer signifie faire faire par un tiers ce qu'on n'aime pas, pour pouvoir se concentrer sur ce qu'on aime. C'est une erreur fréquente car cela réduit le tiers en question à un rôle subalterne dévalorisant. Au contraire, une bonne délégation consiste à faire faire à un tiers ce qu'on aime ou ce qu'on maîtrise, mais qu'on n'a pas nécessairement le temps de faire. Il ne faut donc pas confondre ce qu'on aime faire et ce qui est utile pour l'entreprise …

Savoir se focaliser sur l'essentiel

L'art de la réussite entrepreneuriale réside dans votre capacité à vous focaliser sur l'essentiel. Dans ce chapitre, nous allons commencer par regarder ce qui est essentiel dans une entreprise, puis pourquoi il est crucial pour un entrepreneur de savoir se concentrer sur l'essentiel et enfin comment se focaliser sur ce qui est essentiel.

Le mot "essentiel" a la même racine que le mot "essence". On peut donc prendre cet adjectif au sens étymologique, à savoir ce qui constitue l'âme, les fondements du projet entrepreneurial. Autrement dit, ce qui constitue son ADN. Si votre projet entrepreneurial est d'ouvrir une boulangerie parce que vous voulez changer de vie et proposer aux personnes un produit qui a constitué une base alimentaire pendant des générations, l'ADN, l'essence de votre entreprise est de nourrir les gens. Autrement dit, tout ce qui va tourner autour de la fabrication et de la vente de ce pain sera essentiel.

On peut également utiliser l'autre sens du mot essence, qui est un carburant. Dans ce cas, ce qui est essentiel, c'est ce qui permet concrètement à votre entreprise de vivre et de se développer. Ainsi, si vous voulez créer des produits cosmétiques sans conservateur, ce qui sera essentiel, ce sera la formulation de vos produits et leur commercialisation.

Dans tous les cas, ce qui est essentiel, c'est ce qui ne peut pas être retiré à l'entreprise sans la faire mourir. C'est donc son principe vital qui doit donc être traité avec la plus grande attention.

Une fois que vous avez défini et compris ce qui était essentiel pour votre entreprise, il faut savoir se focaliser sur cela. Cette capacité à se concentrer sur ce qui est essentiel pour votre entreprise est une compétence clé pour l'entrepreneur que vous êtes. Cette capacité est vitale pour plusieurs raisons.

Tout d'abord, en vous concentrant sur les activités qui correspondent à vos compétences clés et à la vision de l'entreprise, vous ajoutez une véritable valeur à votre entreprise. En visant l'essentiel et ce qui constitue la raison d'être de l'entreprise, vous lui lui donnez une âme.

Ensuite, votre capacité à vous focaliser sur l'essentiel vous permet de gérer votre temps de manière plus efficace, en vous concentrant sur la stratégie et la prise de décision. Les autres aspects de l'entreprise sont davantage des postes d'exécution, très importants, mais qui sont comme les soldats d'une armée. Il est très important d'avoir de très bons lieutenant et de très bons soldats, mais sans général cette armée n'est rien ...

En tant qu'entrepreneur, vous pouvez également optimiser vos ressources en vous concentrant sur ce qui compte vraiment pour l'entreprise, ce qui conduit à une utilisation plus judicieuse du temps et de l'argent.

Enfin, se concentrer sur l'essentiel réduit les risques d'erreurs coûteuses et d'échecs potentiels. Cela vous confère la capacité de raisonner sur le long terme, là où les sujets non essentiels sont souvent à traiter sur le court-terme.

Pour mettre en pratique l'art de savoir se focaliser sur l'essentiel, il existe quelques éléments clés que tout entrepreneur peut suivre.

Premièrement, ayez une vision claire de l'entreprise et de ses objectifs pour vous permettre de déterminer ce qui est essentiel pour atteindre ces derniers.

Ensuite, établissez des priorités en identifiant les tâches qui ont le plus d'impact sur la réalisation des objectifs de l'entreprise. Cela doit être fait en séparant ce qui relève de la stratégie et ce qui relève de la tactique, autrement dit, ce qui relève de la vision et des objectifs à long terme, et ce qui relève des objectifs à court terme.

Troisièmement, ne déléguez pas la vision stratégique de l'entreprise car elle relève de vous seul. En revanche, tout ce qui concerne le court et le moyen terme, peut être délégué, ce qui vous libérera de la charge mentale pour vous concentrer sur l'essentiel.

Enfin, faites régulièrement le point pour vous assurer que vous restez concentré sur l'essentiel. Ajustez vos priorités en fonction de l'évolution de votre entreprise.

Pour conclure, savoir se focaliser sur l'essentiel est la véritable clé du succès. Cela vous permet de gérer votre temps de manière plus efficace, d'optimiser vos ressources et de réduire les risques potentiels. En comprenant ce qui est essentiel dans votre entreprise, vous pouvez augmenter significativement vos chances de succès, en gardant le cap fixé, même par période de tempête.

En pratique

Se focaliser sur l'essentiel vous permet d'avoir une vision à long terme de votre entreprise. Ne vous dispersez pas sur différents sujets, en particulier sur les sujets que vous "aimez bien". Il s'agit d'être le capitaine à bord de votre navire et le capitaine doit regarder loin devant et garder le cap, même s'il préfèrerait peut-être discuter avec les passagers …

Idée reçue #8
Un entrepreneur ça travaille comme un fou

"J'ai toujours travaillé très dur, et plus dur je travaille, plus chanceux je deviens."

Alan Bond, homme d'affaires

L'idée reçue selon laquelle un entrepreneur travaille sans relâche est souvent exagérée. Bien que l'entrepreneuriat puisse exiger des heures de travail considérables, la qualité du temps investi est cruciale. Les entrepreneurs efficaces savent qu'il est essentiel de trouver un équilibre entre travail, santé mentale et vie personnelle. Le succès ne dépend pas uniquement du nombre d'heures travaillées, mais plutôt de la créativité, de la gestion du temps et de la prise de décision judicieuse. Un entrepreneur intelligent sait quand travailler intensément et quand prendre du recul pour maintenir son bien-être et sa performance.

Pour contrer cette idée reçue, je vais montrer qu'il ne suffit pas de travailler beaucoup pour réussir, mais plutôt que :
- Il faut savoir travailler efficacement
- Il faut savoir garder un équilibre de vie
- Il faut savoir gérer son temps

Savoir travailler efficacement

Si l'effort est indéniablement nécessaire, la clé du succès pour tout entrepreneur réside davantage dans la manière de travailler efficacement plutôt que dans la quantité d'heures investies. Dans ce chapitre, nous allons voir pourquoi il est essentiel pour un entrepreneur de savoir travailler efficacement et comment travailler le plus efficacement possible.

L'image de l'entrepreneur acharné, toujours en action et prêt à sacrifier sa vie personnelle pour son entreprise, est souvent mise en avant dans les films ou les reportages sur les entrepreneurs qui sont prêts à tout sacrifier pour le succès de leur entreprise. On associe alors souvent le succès entrepreneurial à des nuits blanches et à un dévouement total. Mais comme toute représentation, celle-ci est au mieux incomplète, au pire erronée.

Il est en effet très important de travailler efficacement, c'est-à-dire de travailler avec un rendement élevé. Dit autrement, il vaut mieux travailler de façon efficace 6h par jour, que travailler de façon peu efficace, et, in fine, peu productive, 10h par jour. Il y a plusieurs raisons à cela. Premièrement, travailler sans relâche peut mener à l'épuisement professionnel, ce qui nuit à la créativité, à la productivité et à la santé mentale. De plus, la quantité de travail utile étant faible, tous ces efforts seront finalement vains …

Deuxièmement, la fatigue constante peut entraîner une baisse de la qualité du travail, ce qui peut avoir des répercussions négatives sur l'entreprise, surtout si l'entreprise se trouve dans un moment crucial de son existence et qu'il est nécessaire de prendre les bonnes décisions.

Troisièmement, l'absence d'équilibre entre travail et vie personnelle peut entraîner des problèmes relationnels, une mauvaise santé et une détérioration de la qualité de vie globale. Ce qui, à terme, peut amener dans une spirale descendante, dommageable à la fois pour vous et pour votre entreprise.

A contrario, savoir travailler efficacement procure plusieurs avantages qui auront nécessairement un effet bénéfique sur votre entreprise et feront de vous un entrepreneur organisé, efficace et équilibré. En effet, travailler efficacement permet à l'entrepreneur de gérer son temps de manière judicieuse, en se concentrant sur les tâches à forte valeur ajoutée. Le reste pouvant être délégué ou traité ultérieurement.

De plus, l'entrepreneur peut optimiser ses ressources, y compris le temps et l'argent, en se focalisant sur ce qui compte vraiment pour l'entreprise. Une bonne façon d'analyser les sujets à traiter se fait en répondant à la question simple : quel est le retour sur investissement attendu de cette action ... Cela permet de définir ce qui est important ou non et donc de se focaliser sur ce qui est important en priorité.

Ensuite, un esprit reposé et équilibré est plus enclin à la créativité et à l'innovation, ce qui peut stimuler la croissance de l'entreprise et avoir un effet bénéfique aussi bien sur le court que sur le long terme.

Enfin, travailler de manière efficace tout en maintenant un équilibre de vie favorise le bien-être physique et mental de l'entrepreneur, ce qui est très important lorsque l'entreprise traverse des moments difficiles.

Maintenant que, j'espère, vous êtes convaincu que vous devez travailler efficacement, voici quelques astuces et exemples pratiques à mettre en oeuvre pour réussir dans cette tâche.

Etape 1 : Définissez des objectifs clairs pour vous permettre de vous concentrer sur les tâches les plus importantes et de rester motivé. Les objectifs doivent être clairs dans leur intitulé et doivent également être mesurables : "travailler mieux" n'est pas clair, mais "augmenter mes revenus de 20%" ou "augmenter mon nombre de publications sur les réseaux sociaux de 50%" est clair ;

Etape 2 : Identifiez les tâches qui ont le plus d'impact sur les objectifs de l'entreprise et traitez-les en premier. Pour vous aider, vous pouvez réaliser ce qu'on nomme une "matrice d'Eisenhower". Cette matrice a été inventée par Eisenhower pendant la Seconde Guerre Mondiale et lui permettait de traiter les priorités. Elle a deux entrées verticales : URGENT/PAS URGENT et deux entrées horizontales : IMPORTANT/PAS IMPORTANT.

	URGENT	PAS URGENT
IMPORTANT	Doit être traité en priorité par vous	Doit être traité par vous, mais plus tard
PAS IMPORTANT	Doit être traité en priorité, mais par un collaborateur.	N'a pas besoin d'être traité pour le moment

Etape 3 : Minimisez les distractions telles que les réseaux sociaux, les e-mails inutiles et les interruptions fréquentes. Pour cela, rien de tel que de couper ses notifications pour pouvoir rester concentré sur son objectif.

Etape 4 : Établissez un plan de travail structuré et organisez les tâches de manière logique et efficace. Il existe un grand nombre d'outils pour vous aider à faire cela, à commencer par un simple calendrier où vous notez toutes vos tâches, en les classant par couleur selon leur importance ou leur domaine d'activité.

Etape 5 : Accordez-vous des périodes de repos régulières pour vous ressourcer et maintenir un niveau d'énergie élevé. Cet équilibre est parfois complexe à trouver, surtout si vous avez l'impression qu'une montagne de choses à faire est devant vous. Mais faites-vous violence, et vous verrez qu'après une pause, vous serez beaucoup plus efficace.

En conclusion, l'idée reçue selon laquelle un entrepreneur doit travailler sans relâche est une vision trop réductrice de l'entrepreneuriat. Savoir travailler efficacement, en se concentrant sur l'essentiel et en maintenant un équilibre de vie, est la vraie clé du succès. Cela vous permet, en tant qu'entrepreneur, de gérer votre temps de manière judicieuse, d'optimiser vos ressources et de préserver votre bien-être.

En pratique

On a parlé de la matrice d'Eisenhower dans ce chapitre et c'est un outil très pratique et efficace. De plus, il a vraiment l'intérêt d'être très facile à mettre en oeuvre. N'hésitez pas à vous en servir régulièrement, cela va vraiment vous aider.

Savoir garder un équilibre de vie

Bien que l'effort et l'engagement soient des éléments essentiels, il est tout aussi important pour un entrepreneur de savoir garder un équilibre de vie. Dans ce chapitre, nous allons comprendre pourquoi il est crucial pour un entrepreneur de maintenir cet équilibre, comment cela peut influencer positivement son parcours et les avantages de cette approche dans sa vie professionnelle.

Tout donner pour son entreprise peut avoir des conséquences néfastes pour l'entrepreneur et son entreprise, aussi bien au niveau personnel qu'au niveau professionnel. Il y a plusieurs raisons à cela.

Premièrement, travailler sans relâche peut mener à l'épuisement professionnel, ce qui nuit à la créativité, à la productivité et à la santé mentale. Cela peut également mener à l'épuisement personnel, ce qui empêchera toute capacité de rebond en cas de problème.

Ensuite, le déséquilibre entre travail et vie personnelle peut entraîner des problèmes relationnels et une perte de connexion avec la famille et les amis. Or, si l'entreprise va mal, qu'elle traverse des moments difficiles ou qu'il y a des décisions très importantes à prendre, il est important de savoir qu'on peut compter sur ses proches.

De plus, l'absence d'équilibre peut également avoir des répercussions sur la santé physique et mentale de l'entrepreneur, ce qui peut compromettre sa capacité à diriger son entreprise. Que se passe-t-il si vous faites un burnout ? Que se passe-t-il si vous avez un accident cardiaque ? un accident de voiture ? Votre vie ou votre santé peuvent-elles être sacrifiées de la sorte ?

Enfin, la fatigue constante peut entraîner une baisse de la qualité du travail, ce qui peut avoir des répercussions négatives sur l'entreprise, surtout dans les moments clefs de la vie de l'entreprise. Vous êtes le capitaine du navire. S'il y a une passe dangereuse à traverser ou s'il faut affronter une tempête, vous devez être en forme et parfaitement opérationnel.

Si on raisonne de façon plus positive, le fait de savoir garder un équilibre de vie ne peut apporter que des choses bénéfiques pour l'entrepreneur et pour l'entreprise.

Tout d'abord, l'entrepreneur qui prend soin de sa santé physique et mentale est mieux armé pour faire face aux défis et aux pressions de l'entrepreneuriat. C'est une évidence, mais il est nécessaire de le répéter. D'ailleurs les Anciens ne disaient-il pas "mens sana in corpore sano", un "esprit sain dans un corps sain" ?

De plus, un esprit reposé et équilibré est plus enclin à la créativité et à l'innovation, ce qui peut stimuler la croissance de l'entreprise. N'avez-vous jamais remarqué que vous étiez plus capable de réfléchir à des améliorations dans votre entreprise après une bonne nuit de repos ?

Enfin, votre capacité à gérer votre temps de manière efficace vous permet de consacrer du temps à la réflexion stratégique et à la prise de décision. On est souvent plus efficace pour réfléchir à l'avenir de sa société lorsqu'on est au calme, ou coupé des sollicitations extérieures que dans le brouhaha permanent d'une salle bondée.

Maintenant que vous avez compris qu'il était important de garder un équilibre entre votre entreprise et votre vie personnelle, il reste à savoir comment faire pour réaliser cela. Il existe quelques règles simples que vous pouvez mettre en pratique facilement et rapidement.

Pour commencer, définissez des limites claires entre le travail et la vie personnelle, et respectez ces limites. Cela peut être difficile si vous travaillez de chez vous comme indépendant. Mais même dans ce cas, vous pouvez matérialiser votre espace de travail et n'y pénétrer que lorsque vous travaillez. De même, quand vous êtes en famille ou en dehors du cadre du travail, ne suivez pas vos e-mails sur votre smartphone et ne répondez pas au téléphone dans la cuisine …

Ensuite, accordez-vous des périodes de repos régulières pour vous ressourcer, vous détendre et vous déconnecter du travail. Il n'est pas nécessaire de partir au bout du monde pour cela : aller se promener en bas de chez soi, faire des courses, aller prendre un verre avec votre conjoint ou des amis, faire les devoirs avec vos enfants, sont autant de moments où votre cerveau va se déconnecter du travail.

Faites de l'exercice régulièrement, mangez sainement et accordez une attention particulière à la santé physique et mentale. De même que vos journées sont organisées précisément, imposez-vous, par exemple, d'aller à la salle de sport plusieurs fois par semaine. Evitez de grignoter et accordez-vous de vraies pauses repas. Il s'agit d'une discipline à suivre, mais après quelques temps, vous ne pourrez plus vous en passer.

Enfin, définissez des priorités en fonction de vos valeurs personnelles et professionnelles puis prenez des décisions en conséquence. Soyez discipliné sur ce point. La tentation est toujours grande de quitter le repas pour répondre à un client ou d'annuler un dîner avec des amis pour un déplacement. Mais en étant strict sur vos priorités, vous pourrez réussir à faire cohabiter vos deux vies sans problème.

Pour résumer, savoir garder un équilibre entre vie privée et vie professionnelle est la véritable clé du succès. Cela permet à l'entrepreneur de maintenir son bien-être, d'encourager la créativité et l'innovation, et de gérer efficacement son entreprise. Il s'agit de trouver l'harmonie entre le travail et la vie personnelle pour évoluer avec succès dans le monde de l'entrepreneuriat.

En pratique

Je me souviens d'un ami qui se faisait un point d'honneur à amener ses enfants à l'école tous les matins et qui avait calé son agenda sur les horaires de l'école. Ces petits moments d'intimité familiale lui permettaient de se déconnecter du travail complètement pendant quelques dizaines de minutes par jour et de créer un lien fort avec ses enfants qui ne le voyaient que tard le soir.

Savoir gérer son temps

Nous avons vu précédemment qu'un entrepreneur doit savoir travailler efficacement et doit s'assurer qu'il existe toujours un équilibre entre sa vie privée et son activité. Maintenant, la question est de savoir comment vous pouvez gérer votre temps de la façon la plus efficace possible. Dans ce chapitre, nous allons regarder les avantages qu'il y a, pour un entrepreneur, à savoir gérer son temps et comment le faire.

Savoir gérer son temps est une compétence clé pour un entrepreneur et il est donc nécessaire que vous la maîtrisiez. Il y a en effet plusieurs avantages à tirer de cette compétence.

Premièrement, la gestion efficace du temps vous permet de maximiser votre productivité en vous concentrant sur les tâches les plus importantes. Un peu comme un laser qui concentre la lumière sur une tôle d'acier peut la découper, là où une lampe normale n'a aucun effet. En ayant une gestion efficace, vous pourrez aller beaucoup plus loin.

Ensuite, une bonne gestion du temps vous permet également de trouver l'équilibre entre travail et vie personnelle, favorisant ainsi le bien-être et la santé mentale. Ce point a été développé précédemment et il a été montré en quoi un tel équilibre était crucial, voire vital.

Par ailleurs, un entrepreneur qui gère bien son temps peut consacrer du temps à la réflexion stratégique et à la prise de décision éclairée. En vous accordant des moments de réflexion et des temps consacrés à la prise de décision, vous pourrez développer votre entreprise plus sereinement.

Enfin, une bonne gestion du temps permet de réduire le stress lié à la surcharge de travail et à la procrastination. Paradoxalement, cette organisation du travail, qui peut sembler contraignante, va libérer votre esprit et fortement réduire votre charge mentale car vous n'aurez plus à vous demander en permanence quand telle tâche doit être faite.

Pour mettre en pratique l'art de gérer son temps efficacement, il existe des solutions qui sont simples à mettre en oeuvre et dont l'efficacité n'est plus à démontrer. En voici quelques-unes.

Tout d'abord, ayez des objectifs clairs pour vous permettre de déterminer les tâches prioritaires et de vous concentrer sur ce qui est essentiel. En déterminant la durée de ces tâches ou en les décomposant de façon pertinente, vous pourrez les caler sans difficulté dans votre planning.

Ensuite, établissez un plan de travail structuré en identifiant les tâches à accomplir et en définissant des échéances. Ce qui peut sembler une contrainte et une source de stress est en réalité une façon très efficace de gérer son temps. Gardez par ailleurs à l'esprit que ce plan de travail est évolutif et que, en fonction des difficultés rencontrées, vous pourrez ajuster celui-ci. Pensez également à ménager des moments de repos dans votre planning, que vous pourrez alors consacrer à des tâches sans lien avec votre travail.

Puis, identifiez les tâches qui ont le plus d'impact sur les objectifs de l'entreprise et traitez-les en premier, suivant en cela l'organisation définie dans la matrice d'Eisenhower dont il a été parlé précédemment.

Enfin, n'ayez pas avoir peur de refuser des tâches ou des engagements qui ne contribuent pas aux objectifs principaux. Savoir dire non est une qualité trop peu mise en avant. Pourtant, savoir se focaliser sur l'essentiel et savoir dire non vous offre une capacité de gestion du temps extraordinaire.

Pour résumer, savoir gérer son temps de manière efficace vous permet de maximiser votre productivité, de trouver l'équilibre entre travail et vie personnelle, de prendre des décisions éclairées et de réduire le stress. Il s'agit en fait de travailler intelligemment, pas nécessairement plus dur, pour atteindre les objectifs et le succès souhaités.

En pratique

Parmi toutes les méthodes disponibles, celle du Pomodoro est sans doute la plus connue. Cette méthode, inventée par Francesco Cirillo à la fin des années 1980, est basée sur ce minuteur en forme de tomate (pomodoro en italien). Le principe est simple : vous découpez une heure en 4 périodes : 25mn, 5mn, 25mn, 5mn. Pendant les périodes de 25mn vous travaillez à fond et pendant les périodes de 5mn vous vous reposez. En travaillant de la sorte, vous augmentez votre efficacité car dans les périodes de travail vous ne faites que ça, et les périodes de repos vous permettent de vous détendre et de repartir concentré pour la prochaine session …

Idée reçue #9
Il faut une idée géniale pour se lancer

"Il ne faut pas attendre l'idée géniale ou le produit parfait. Procédez par ajustements, jusqu'à fournir un service dont vous pouvez être fier. N'attendez pas demain et lancez-vous aujourd'hui."

Xavier Niel, fondateur de Free

Bien que les idées novatrices puissent être un atout, la réussite entrepreneuriale dépend de nombreux autres facteurs, tels que la détermination, la persévérance, la gestion efficace, et la capacité à résoudre des problèmes. De nombreuses entreprises ont débuté avec des concepts simples et se sont développées grâce à une exécution performante. L'entrepreneuriat repose davantage sur la passion, l'adaptabilité et le travail, plus que sur la singularité de l'idée. L'essentiel est de se lancer et d'apprendre en cours de route.

Dans ce chapitre, je vais aborder ce sujet en montrant qu'avoir LA bonne idée est une condition parfois nécessaire et rarement suffisante de réussir son projet entrepreneurial :

- Une bonne idée est une idée qui répond à un besoin
- Bien connaître le marché visé
- Le secret : la bonne qualité dans l'exécution

Une bonne idée est une idée qui répond à un besoin

Avoir une bonne idée ou, à l'extrême, une idée géniale est a priori un gage de réussite, mais il faut distinguer deux cas : "une bonne idée en soi" et une "bonne idée pour soi". Ces deux notions semblent très proches l'une de l'autre, mais elles sont très différentes. Dans le premier cas, on a une idée qui est objectivement bonne et qui peut donc, en principe, plaire à beaucoup de personnes. Dans le second cas, en revanche, il s'agit d'une idée que vous trouvez bonne. Rien ne prouve alors que d'autres personnes la trouvent bonne également et soient prêtes à payer pour en profiter... Il faut donc commencer par bien s'assurer du type d'idée dont il s'agit.

La première étape est donc de commencer par bien comprendre les besoins du marché. Cela implique une recherche approfondie, une observation attentive et une écoute active de ce marché. Les besoins du marché peuvent être variés, allant de problèmes courants aux désirs non satisfaits. Pour cela, il existe une technique simple : allez au devant de ceux que vous avez identifiés comme ayant un besoin spécifique et demandez leur si le problème auquel vous avez pensé est bien un problème pour eux.

Ces besoins peuvent être des problèmes courants et simples à traiter en apparence ou pour lesquels les solutions existent déjà mais ne sont pas satisfaisantes. Mais ces problèmes peuvent également être des désirs non satisfaits, désirs qui peuvent être exprimés ou pas, ce qui rend leur détection complexe.

De nombreuses entreprises à succès ont commencé par résoudre des problèmes courants. Par exemple, l'entreprise Airbnb est née de la simple idée de mettre en relation les voyageurs avec des logements disponibles. Cette idée a émergé lorsque les fondateurs ont réalisé que les hôtels étaient souvent complets (et hors de prix) lors d'événements majeurs. Mais cette idée, qui était déjà très bonne, a vraiment été une idée excellente lorsque les fondateurs de Airbnb ont compris que la véritable motivation des hôtes n'était pas forcément d'accueillir quelqu'un chez eux, mais d'en tirer une rémunération ...

Ainsi, les hôtes, en particulier ceux habitant dans des grandes villes chères, pouvaient générer des revenus sans effort particulier ni investissement important. Tout cela a été rendu possible lorsque les fondateurs d'Airbnb ont interviewé les premiers hôtes de la plateforme et qu'ils leur ont demandé pourquoi ils passaient par Airbnb pour louer leur appartement.

Concernant les désirs non satisfaits, c'est un peu plus délicat car, par nature, il n'existe pas d'offre et les personnes ou les entreprises n'expriment pas nécessairement le désir d'un service ou d'un objet dont elles n'ont pas connaissance. Apple est un exemple classique de cette approche. L'iPod, l'iPhone et l'iPad n'étaient pas simplement des réponses à des problèmes, mais des innovations créatives qui ont façonné de nouveaux marchés en répondant à des désirs que les consommateurs ne savaient pas encore qu'ils avaient. Comme le répétait Steve Jobs : *"Ce n'est pas le travail des consommateurs de savoir de quoi ils ont envie. Le client est incapable de savoir qu'il veut quelque chose qui n'existe pas encore."*

Il faut donc être en veille permanente et imaginer ce qui se passerait si un nouvel objet ou un nouveau service arrivait.

C'est ici qu'intervient le concept de "Design Thinking".

Le Design Thinking, ou la Pensée Design est une méthodologie de travail reposant sur la création et le développement de nouvelles idées en vue de résoudre les problèmes des utilisateurs. Le processus collaboratif qui est dans les fondements du Design Thinking, permet de générer plusieurs concepts avant de sélectionner le plus prometteur, lançant ainsi l'expérience sur le marché pour la confronter aux besoins réels des utilisateurs. C'est à ce stade qu'intervient la création d'un prototype, prélude à une phase de test cruciale.

Pendant cette phase de test du produit, l'approche du Design Thinking évolue de la simple innovation à la prise en compte des retours et des faiblesses exprimées par les utilisateurs. L'apprentissage par l'erreur devient la pierre angulaire de cette approche innovante. Une équipe multidisciplinaire, composée de designers, de créatifs, de marketeurs et de techniciens, suit un processus en plusieurs étapes, notamment l'empathie, l'analyse de la problématique, l'idéation, le prototypage et les tests, pour concevoir un MVP (Minimum Viable Product) qu'ils lancent sur le marché. Ensuite, ils continuent à interagir avec les consommateurs et à tester leur produit jusqu'à ce qu'ils parviennent à une solution pertinente et aboutie.

Tim Brown, une des références du Design Thinking résume cette méthodologie par la phrase célèbre : "Il faut échouer tôt pour réussir plus vite.". L'autre intérêt de cette possibilité d'échouer tôt est que les coûts engagés sont faibles au commencement du processus de création, ce qui permet de limiter les risques en cas d'échec.

Une fois que vous avez détecté un besoin ou que vous avez senti qu'il y avait un manque dans votre marché cible, il faut savoir être réactif et se lancer. En effet, combien de personnes passent à côté d'opportunités importantes, tout simplement parce qu'elles ont trop attendu.

Le marché n'attend pas et d'autres pourront détecter les mêmes besoins que vous, mais se lanceront. Entreprendre c'est agir. Et un des principes clefs dans l'action est le fait de mesurer les résultats obtenus, de corriger ce qui ne va pas et itérer.

Dans le monde des affaires en constante évolution, la réactivité et l'adaptabilité sont essentielles pour réussir. Une bonne idée peut nécessiter des ajustements au fil du temps pour rester pertinente, c'est pourquoi les entreprises qui sont attentives aux retours des clients et aux tendances du marché sont mieux positionnées pour se développer.

En conclusion, il apparaît qu'une bonne idée est avant tout une idée qui répond à un besoin du marché. Cela peut prendre la forme d'une solution ingénieuse à un problème courant ou d'une réponse à un désir non satisfait. Plusieurs techniques, dont le Design Thinking, permettent de limiter les risques lorsqu'on se lance dans le développement de la solution au besoin détecté ou imaginé. Mais une chose est sûre, une fois le besoin détecté, il faut se lancer rapidement pour être le premier sur le marché.

En pratique

Vous souhaitez lancer un service pour une clientèle privée mais, même si vous avez quelques pistes de réflexion, vous n'êtes pas vraiment sûr de ce que vous voulez faire. En gros, vous n'avez pas d'idée claire. Dans ce cas, sortez de chez vous, allez voir les personnes qui sont susceptibles d'être vos clients et demandez-leur quel problème elles ont dans une thématique donnée : "Avez-vous du mal à faire garder votre animal pendant vos vacances ?", "Avez-vous assez de place pour stocker vos valises hors période de vacances ?". Les réponses qui vous seront faites, pourront alors vous guider vers une solution qui conviendra au plus grand nombre ...

Bien connaître le marché visé

Une idée peut sembler brillante en théorie, mais sa viabilité dépend de sa pertinence pour le marché et de la manière dont elle répond aux besoins réels, exprimés ou cachés, des consommateurs. Dans ce chapitre, nous allons nous demander pourquoi il est essentiel de bien connaître le marché visé et comment cette compréhension approfondie peut conduire au succès entrepreneurial.

La première étape cruciale pour tout entrepreneur est de comprendre les besoins du marché. En effet, le fait de comprendre les besoins du marché va au-delà de la connaissance du marché.

Par exemple, si vous avez travaillé pendant 15 ans dans le secteur bancaire, vous connaissez le marché de la banque, mais connaissez-vous les besoins des utilisateurs de la banque ou les besoins des personnes travaillant dans ce secteur ?

Cela implique une recherche approfondie, une analyse méticuleuse et une écoute attentive des consommateurs ou des parties prenantes du milieu que vous visez. En effet, les besoins du marché peuvent être variés, allant des problèmes courants aux désirs non satisfaits.

Une des méthodes les plus efficaces est de partir d'un besoin ou d'une frustration que vous avez. En effet, dans votre vie de tous les jours, vous êtes nécessairement confronté à des problèmes qui n'ont pas de solution ou qui ont des solutions que vous jugez peu pratiques.

Par exemple, en reprenant l'exemple précédent, si vous êtes dans le secteur de la banque de détail, peut-être constatez-vous qu'il vous est très difficile d'expliquer les différents frais bancaires à vos clients. C'est un problème qui n'est pas vraiment couvert car il n'existe aucune information simple et claire sur ces sujets ...

De même, vous roulez en voiture avec vos enfants derrière et il fait chaud dehors. Les enfants sont fatigués et trop petits pour regarder des films sur une tablette. Et vous constatez qu'il n'existe absolument aucune chaîne de radio qui, par exemple, raconte des histoires pour les enfants.

Partir de problèmes que vous avez ou faire face à des situations qui n'offrent pas de solution performante, est un excellent moyen de démarrer ...

Une fois que vous avez identifié des problèmes à résoudre, il faut savoir s'il existe déjà des solutions et si elles sont efficaces.

Il est donc essentiel d'analyser la concurrence, ou en tout cas, les différentes solutions. Comprendre qui sont vos concurrents potentiels, comment ils fonctionnent, quelles sont leurs forces et leurs faiblesses peut vous aider à élaborer une stratégie efficace pour vous différencier sur le marché.

Il existe toute une série d'outils d'analyse de la concurrence, qui sont plus ou moins complexes à mettre en oeuvre et qui nécessitent de connaître plus ou moins d'informations sur les concurrents.

Parmi les méthodes existantes, une des plus simples est sans doute la matrice SWOT. C'est une matrice qui contient 4 cases :

- Une case S (Strengths), qui décrit les Forces de la solution
- Une case W (Weaknesses), qui décrit les Faiblesses de la solution
- Une case O (Opportunities), qui décrit les Opportunités en termes de business pour la solution
- Une case T (Threats), qui décrit les Menaces potentielles pesant sur le business

Vous pouvez compléter cette approche avec un benchmark des différentes solutions existantes pour les comparer entre elles et mettre en évidence les points faibles globaux de ces offres. Cela vous permettra de savoir comment attaquer le marché.

Une étude de marché solide est une étape cruciale dans la compréhension du marché visé. Cette étude peut impliquer des sondages, des analyses de données, des entretiens avec des clients potentiels et des observations sur le terrain. Une validation de l'idée auprès des clients potentiels permet de confirmer que l'offre répond effectivement à leurs besoins.

Mais attention, si vous avez une idée, par exemple, une radio diffusant des histoires pour les enfants pendant les voyages, vous devez cibler correctement votre auditoire. Pour le dire simplement, commencez par cibler les personnes qui ont des enfants (ou des petits-enfants) et qui voyagent en voiture …

Ensuite, ne posez jamais de questions fermées du style "Pensez-vous qu'il faille créer une chaîne de radio consacrée aux enfants ?". Posez uniquement des questions sur les problèmes des gens, comme "Comment occupez-vous vos enfants en voiture pendant les trajets longs ?".

Premièrement, cela va permettre d'ouvrir les questions et donc ne pas seulement vous focaliser sur la solution que vous avez imagibée et deuxièmement, cela va vous permettre de récolter toute une série d'informations très utiles, qui vont vous permettre de mieux cerner les besoins et les attentes de vos cibles.

En conclusion, on peut dire qu'une bonne idée est avant tout une idée qui répond à un besoin du marché. Cela peut prendre la forme d'une solution ingénieuse à un problème courant ou d'une réponse à un désir non satisfait. Cependant, la réussite dépend également de la connaissance approfondie du marché visé. La première étape est de commencer par identifier un besoin réel et de travailler à partir de là pour construire une solution monétisable. Une idée géniale est celle qui s'inscrit parfaitement dans l'écosystème du marché, répondant ainsi aux attentes des consommateurs.

En pratique

Une des méthodes pour trouver des idées est d'adopter la posture d'un chasseur de papillons … Soyez en permanence à l'écoute et en mode "business development". Dès qu'une situation problématique se présente, notez-la et essayez d'imaginer ce qu'il aurait fallu pour que ce problème soit résolu. Si vous regardez la genèse des grandes entreprises, au commencement, elles ont toutes démarré en voulant traiter un problème existant …

La vraie différence : la qualité dans l'exécution

Une idée brillante n'est que le point de départ. La véritable différence entre le succès et l'échec réside souvent dans la qualité de l'exécution. C'est cette qualité qui transforme une idée en une entreprise florissante. Dans ce chapitre, nous allons regarder pourquoi la qualité dans l'exécution est la clé du succès entrepreneurial et comment elle peut surpasser l'importance d'une idée géniale.

Il est indéniable qu'une idée géniale peut être un atout précieux. Elle peut susciter l'enthousiasme, attirer des investisseurs et captiver l'imagination. Cependant, une idée seule ne suffit pas. C'est l'exécution qui donne vie à cette idée et la transforme en réalité.

Par exemple, si vous inventez un produit permettant de laver une voiture sans difficulté et avec un résultat exceptionnel, c'est une idée révolutionnaire qui peut plaire à un très grand nombre de personnes. Maintenant, imaginez que, face au succès, vous n'arrivez pas à livrer les produits et que personne ne répond au téléphone quand les clients appellent … Vous pourrez avoir le meilleur produit du monde, si vous avez un service catastrophique à côté, personne ne l'achètera.

Un autre exemple qui a défrayé la chronique récemment : Theranos. Cette société américaine proposait de réaliser des dizaines de tests médicaux à partir de seulement une goutte de sang. Cette idée, géniale, a attiré les plus grands investisseurs et les milliards de dollars sont arrivés pour financer son développement … Au final, il est apparu que cela ne fonctionnait pas du tout et que les créateurs de l'entreprise trichaient sur les résultats obtenus …

La qualité dans l'exécution nécessite un large éventail de compétences et peut se décomposer en plusieurs aspects qui sont très complémentaires entre eux.

Tout d'abord, ayez une vision claire et une planification stratégique solide pour guider l'entreprise vers ses objectifs. Cela inclut la définition de la mission, de la vision et des valeurs de l'entreprise, ainsi que l'élaboration d'une feuille de route pour atteindre ces objectifs.

Deuxièmement, mettez en place une gestion efficace des opérations quotidiennes pour maintenir l'efficacité et la qualité des processus que vous avez définis et imaginés. Cela implique une gestion rigoureuse des ressources, des finances, de la logistique et des ressources humaines.

Ensuite, recrutez, formez et motivez une équipe talentueuse. C'est un élément clé de la qualité dans l'exécution. Les personnes qui composent l'entreprise jouent un rôle essentiel dans la mise en œuvre de la vision.

De plus, gardez à l'esprit que l'innovation est un aspect important de l'exécution de qualité. Les entreprises qui réussissent sont celles qui sont ouvertes au changement, à l'adaptation et à l'amélioration constante de leurs produits ou services.

Par ailleurs, vous devez faire en sorte de gérer le risque car c'est essentiel pour minimiser les obstacles potentiels à la réalisation des objectifs. Cela inclut l'identification des risques, la planification de leur atténuation et la gestion des situations imprévues.

Enfin, soyez convaincu que la surqualité ne signifie pas la qualité. Par exemple, vouloir livrer un client plus tôt que prévu peut ne pas être bien perçu par le client qui s'était organisé en fonction de la date de livraison initiale ... Par ailleurs, cette surqualité peut générer des coûts supplémentaires qui vont avoir un impact négatif sur la rentabilité de votre entreprise.

Starbucks est un exemple frappant de l'importance de la qualité dans l'exécution. L'idée de vendre du café premium n'était pas nouvelle, mais la manière dont Starbucks a exécuté cette idée a été révolutionnaire. La société s'est concentrée sur la création d'une expérience client exceptionnelle, de l'atmosphère chaleureuse de ses magasins à la qualité de ses produits. Leur exécution méticuleuse a fait de Starbucks une chaîne de café mondiale qui surpasse ses concurrents.

Enfin, ne perdez pas de vue que la qualité dans l'exécution ne se limite pas à la planification initiale. Elle implique également la capacité à s'adapter aux changements du marché et à réagir rapidement aux défis imprévus. Les entreprises qui réussissent sont celles qui peuvent ajuster leur trajectoire en fonction des retours des clients, des tendances du marché et des nouvelles opportunités.

La qualité dans l'exécution doit s'inscrire dans le temps et vous devez toujours garder en tête que la qualité d'exécution est une métrique fondamentale de votre entreprise. Suivez cet indicateur régulièrement pour corriger les dérives au plus vite et pour faire progresser vos équipes en permanence.

Pour conclure, nous avons montré qu'une idée géniale est certes un atout, mais que ce n'est que le point de départ; c'est la qualité dans l'exécution qui fait la différence. Une exécution de qualité englobe la planification stratégique, la gestion opérationnelle, la création d'une équipe talentueuse, l'innovation continue et la gestion du risque. C'est cette qualité qui permet à une idée de prendre vie, de répondre aux besoins du marché et de se développer. Les entrepreneurs qui comprennent l'importance de la qualité dans l'exécution sont mieux préparés à transformer leurs idées en succès durables, indépendamment des qualités initiales de leur offre. L'essentiel est de prendre l'idée, quelle qu'elle soit, et de la réaliser avec excellence.

En pratique

Amazon est connue pour être LA plateforme de référence pour la vente de produits en ligne. Pourtant, l'idée de vendre des produits en ligne est ancienne et date des débuts d'internet et, objectivement, le design du site web d'Amazon est assez "basique"…

Mais tout se joue dans la qualité d'exécution : il est enfantin de passer une commande, celle-ci peut être livrée dans la journée (pour certains produits et dans certains endroits) et s'il y a un problème, le produit est remboursé.

Idée reçue #10
Hors d'internet, point de salut

"Les gens découvriront qu'Internet aide leur carrière. Une de mes thèses est que chaque individu est maintenant une petite entreprise; la façon dont vous gérez votre propre carrière personnelle est la façon exacte dont vous gérez une petite entreprise. Votre marque compte. C'est ainsi que fonctionne LinkedIn."

Reid Hoffman, fondateur de LinkedIn

Si, depuis près de 30 ans, Internet a révolutionné la façon dont les entreprises interagissent avec les clients, il est important de noter que la réussite entrepreneuriale ne se limite pas à la toile. De nombreuses entreprises tout à fait profitables, telles que les petits cafés locaux, les ateliers artisanaux, ou les services de proximité, se développent sans une présence en ligne prédominante. Le succès entrepreneurial dépend donc davantage de la qualité de votre produit ou service, de la gestion efficace de votre entreprise, de votre stratégie de marketing et de votre capacité à répondre aux besoins du marché, que de la seule présence sur Internet. Gardez toutefois en tête que la combinaison réfléchie de ces deux mondes peut être puissante, mais Internet n'est pas le seul chemin vers la réussite dans l'entrepreneuriat.

Pour que vous ayez une meilleure idée sur ce sujet, nous allons discuter des points suivants :

- On peut entreprendre en dehors d'internet
- Internet ne fait pas de miracles
- Internet peut être un bon allié

On peut entreprendre en dehors d'internet

Internet a profondément transformé le paysage entrepreneurial en offrant un accès mondial aux marchés et en facilitant la communication avec les clients. Cependant, il serait erroné de conclure que l'entrepreneuriat ne peut prospérer que sur la toile. Il existe une multitude de secteurs et de modèles commerciaux où la présence en ligne n'est pas la pierre angulaire de la réussite, bien au contraire.

L'une des principales raisons pour lesquelles l'entrepreneuriat en dehors d'Internet reste une option viable est la diversité des industries et des niches de marché. Tous les secteurs ne sont pas propices à une présence en ligne dominante. Par exemple, les entreprises locales de services tels que les plombiers, les électriciens, les serruriers et les restaurateurs prospèrent grâce au bouche-à-oreille, à la réputation locale et à la fidélisation de la clientèle. Ces professionnels ne dépendent pas nécessairement d'une visibilité en ligne, mais plutôt de la qualité de leur travail et de leur interaction directe avec la clientèle.

De même, les entreprises axées sur la fabrication artisanale et les métiers traditionnels ont souvent peu de lien avec le monde virtuel. Les artisans, les artistes, les bijoutiers et d'autres créateurs dépendent de la qualité de leurs produits et de la proximité avec leur clientèle pour réussir. Leur réputation se construit à travers des marchés locaux, des galeries d'art, des foires artisanales et d'autres canaux traditionnels.

En outre, il est important de noter que de nombreuses entreprises B2B (business-to-business) se développent très bien en dehors d'Internet. Ainsi, les fournisseurs de matériaux de construction, les fabricants de composants industriels, les grossistes en produits chimiques et bien d'autres encore, travaillent principalement avec d'autres entreprises par le biais de réseaux professionnels, de salons et de négociations directes. Ces entreprises sont essentielles à de nombreuses chaînes d'approvisionnement, mais elles ne sont pas nécessairement visibles pour le grand public en ligne.

La réussite de l'entrepreneuriat repose principalement sur des facteurs humains tels que la confiance, la loyauté et les relations à long terme. Ces facteurs jouent un rôle central dans de nombreuses entreprises locales et traditionnelles. Les clients ont souvent besoin de rencontrer en personne leurs fournisseurs de services ou de produits, de discuter de leurs besoins spécifiques et de construire une relation de confiance avant de conclure un accord. Cette dimension humaine est difficile à reproduire entièrement en ligne.

Enfin, certains entrepreneurs choisissent délibérément de rester en dehors d'Internet pour échapper à la concurrence féroce en ligne. Ils préfèrent se concentrer sur des marchés de niche où la concurrence est moindre et où ils peuvent se démarquer par la qualité de leur offre, leur service client exceptionnel et leur engagement envers leur clientèle.

Pour conclure, on peut affirmer que l'entrepreneuriat en dehors d'Internet est bien vivant et dynamique. Cela ne signifie pas que la toile n'a pas son rôle à jouer, mais plutôt que le succès entrepreneurial dépend avant tout de la compréhension des besoins du marché, de la qualité des produits ou services proposés, de la gestion efficace et des relations humaines. L'idée reçue selon laquelle Internet est la seule voie vers la réussite doit donc être repensée, car il existe un monde d'opportunités pour les entrepreneurs qui choisissent de bâtir leur entreprise en dehors du monde virtuel. La réalité est que le succès de votre entreprise va surtout dépendre de votre capacité à écouter vos clients et à répondre à leurs demandes.

En pratique

Il ne faut pas confondre numérique et internet. En fait, si le numérique est quasiment partout, même dans les métiers artisanaux ou les entreprises fonctionnant dans le B2B, cela ne signifie pas qu'ils utilisent internet. Par ailleurs, vous pouvez parfaitement utiliser internet uniquement comme une vitrine virtuelle, ce qui vous permet d'être visible de vos clients, mais ce qui va faire que vos clients vont parler de vous, sera la qualité de vos prestations ou de vos produits.

Internet ne fait pas de miracles

Il est essentiel de tordre le cou à l'idée selon laquelle Internet est la panacée pour le succès entrepreneurial. Internet offre en effet d'innombrables possibilités et avantages, mais il ne fait pas de miracles à lui seul. Il est important de comprendre que la réussite en ligne n'est pas automatique et que le monde virtuel comporte également son lot de défis et de concurrence féroce.

Tout d'abord, il est essentiel de comprendre qu'Internet n'est qu'un outil parmi d'autres. Il offre des canaux de communication, de marketing et de distribution uniques, mais il ne remplace pas la nécessité d'une stratégie commerciale solide, d'un produit ou d'un service de qualité, ni d'une gestion efficace. Une présence en ligne peut attirer l'attention, mais c'est la qualité et la pertinence de ce que vous proposez qui fidéliseront les clients et les inciteront à revenir.

De plus, la concurrence en ligne est féroce. Sur Internet, il existe des centaines de milliers d'entreprises qui offrent des produits ou des services similaires aux vôtres. Se démarquer dans cet environnement surchargé nécessite une stratégie marketing solide, une connaissance approfondie de votre public cible et une créativité constante pour innover. Internet n'apporte pas de clients automatiquement, il vous faut les conquérir par des efforts constants et une proposition de valeur exceptionnelle.

La visibilité en ligne peut également être un défi complexe à relever. Bien que les réseaux sociaux, les blogs et les moteurs de recherche offrent de précieuses opportunités de marketing, il est facile de se perdre dans les méandres de la toile. Pour être efficace, il faut du temps, de l'effort et des compétences pour se démarquer et être remarqué parmi la multitude d'informations en ligne.

Par ailleurs, Internet ne garantit pas toujours la rentabilité. De nombreuses entreprises en ligne fonctionnent à perte pendant des années avant de devenir rentables. Certaines de ces entreprises ne deviennent d'ailleurs jamais rentables car leur objectif n'est pas leur profit, mais les parts de marché qu'elles détiennent. La pression pour offrir des produits ou des services gratuits ou à des prix très bas, ainsi que la nécessité d'investir massivement dans la publicité en ligne, peuvent donc entraîner des coûts élevés qui ne sont pas toujours compensés par des revenus.

De plus, la cybersécurité est une préoccupation majeure pour les entreprises en ligne. Les menaces telles que les piratages, les vols de données et les attaques de logiciels malveillants sont omniprésentes. La sécurité en ligne demande une vigilance constante et des investissements en termes de protection des données et de prévention des cyberattaques.

En conclusion, il est essentiel que vous soyez conscients du fait qu'internet ne fait pas de miracles. Il est un outil puissant, mais il n'est pas la seule voie vers le succès entrepreneurial. Votre réussite va surtout reposer sur une combinaison d'éléments, notamment sur la qualité des produits ou des services que vous proposez, sur une gestion efficace, sur une très bonne compréhension du marché, et sur une stratégie efficace d'innovation.

En pratique

Avez-vous déjà essayé de planter un clou avec une visseuse ? Même si votre visseuse est très performante, qu'elle est capable de visser des vis de profils différents dans tous les matériaux imaginables, elle ne va jamais réussir à planter un clou. Pourquoi ? Parce que même si c'est un outil performant, il ne l'est que dans son domaine d'utilisation. Internet est votre visseuse. Sortez-le de son domaine d'utilisation et il sera inefficace …

Internet peut être un très bon allié

Nous avons vu dans les chapitres précédents qu'il était parfaitement possible de développer son activité sans vraiment se servir d'internet et que se mettre comme frein le fait qu'on ne maîtrise pas les codes d'internet n'est pas une excuse recevable. Cependant, même si internet n'est pas incontournable dans un très grand nombre d'activités, il n'en reste pas moins un outil très utile.

L'avènement d'Internet a transformé la façon dont les entreprises fonctionnent et interagissent avec leur public. Il a créé un lien direct entre le client et le fournisseur et il permet de créer des interactions fortes entre les clients eux-mêmes. Une fois que vous avez compris ce principe, cela vous permet de trouver des usages intéressants à cet outil.

Tout d'abord, par construction, internet offre une plateforme mondiale pour promouvoir votre entreprise. Que ce soit par le biais des réseaux sociaux, des blogs, ou des publicités en ligne, vous pouvez atteindre un public beaucoup plus large et ciblé que par les méthodes traditionnelles de marketing. L'accès à des outils d'analyse avancés vous permet également de mesurer l'efficacité de vos campagnes et d'apporter des ajustements en temps réel.

Ensuite, les réseaux sociaux professionnels comme LinkedIn, Instagram, Tik Tok, etc.. vous permettent de vous connecter avec d'autres entrepreneurs, investisseurs et clients potentiels. Le réseautage en ligne est devenu une partie intégrante de la croissance de nombreuses entreprises, car il facilite l'échange d'idées, les partenariats et l'accès à de nouvelles opportunités.

On peut également citer l'une des plus grandes révolutions d'Internet qui est l'avènement du commerce électronique. Vous pouvez désormais vendre vos produits ou services en ligne, atteignant un public mondial 24 heures sur 24, 7 jours sur 7. Si vous êtes une petite structure, cela vous permet de rivaliser avec les géants de l'industrie et d'élargir votre clientèle sans avoir besoin d'une présence physique coûteuse.

Par ailleurs, internet offre une multitude d'outils et de logiciels de gestion d'entreprise en ligne. De la comptabilité à la gestion des stocks en passant par la planification de projets, ces solutions permettent d'automatiser de nombreuses tâches, de gagner du temps et d'améliorer l'efficacité opérationnelle.

Internet regorge également de ressources éducatives, de cours en ligne et de tutoriels qui peuvent vous aider à acquérir de nouvelles compétences ou à améliorer celles que vous possédez déjà. Que vous ayez besoin d'apprendre le marketing numérique, la programmation informatique ou la gestion financière, internet offre un accès immédiat à une grande variété de connaissances.

Les commentaires des clients sont précieux pour toute entreprise. Internet facilite la collecte de ces commentaires à travers des enquêtes en ligne, des évaluations de produits et des commentaires sur les réseaux sociaux. Cette rétroaction en temps réel vous permet d'identifier les domaines à améliorer et de satisfaire davantage vos clients.

Internet permet également de travailler à distance, ce qui offre une flexibilité considérable. Vous pouvez gérer votre entreprise de n'importe où dans le monde, ce qui facilite la création de modèles commerciaux flexibles et la collaboration avec des talents du monde entier. Vous pouvez en particulier utiliser cette caractéristique d'internet en utilisant également le cloud.

Bien utilisé, internet permet également de réduire les coûts liés à la location de locaux commerciaux, à l'impression de documents et à d'autres dépenses traditionnelles. De plus, les campagnes publicitaires en ligne sont souvent moins chères que les publicités traditionnelles, ce qui peut être un avantage pour les petites entreprises avec un budget limité. Ce d'autant qu'elles permettent de proposer des insights précis qui vous permettent de savoir qui a vu vos publicités et comment les personnes ont réagi, ce qui est impossible pour les publicités classiques.

En résumé, même s'il ne peut pas tout, Internet peut être un allié puissant pour les entrepreneurs. Il offre des possibilités de marketing, de réseautage, de vente en ligne, de gestion d'entreprise et de formation inestimables. Cependant, il est essentiel de comprendre que ce n'est qu'un outil qui, pour être pleinement efficace nécessite une planification stratégique, une gestion efficace des ressources en ligne et une compréhension des tendances.

En pratique

Il existe un très bon moyen de savoir comment Internet peut être votre allié dans votre activité : c'est d'aller sur Internet … Plus précisément, il ne faut pas hésiter à lire des articles en ligne, regarder des vidéos sur YouTube, questionner les robots conversationnels comme Chat GPT ou Bard. Mais gardez à l'esprit que, au final, c'est vous qui déciderez, car vous seul avec la connaissance de votre activité et de la façon dont Internet peut vous aider.

Idée reçue #11
Un entrepreneur doit être un homme

"L'excellence est le meilleur remède au
racisme et au sexisme."

Oprah Winfrey, animatrice de télévision

L'entrepreneuriat ne connaît pas de genre. Les femmes ont prouvé à maintes reprises leur capacité à exceller en tant qu'entrepreneures, dirigeantes d'entreprise et innovatrices. De la création de startups technologiques à la gestion d'entreprises familiales, les femmes ont apporté une contribution significative à l'économie mondiale. Les défis persistants de l'inégalité de genre ne doivent pas décourager les femmes à poursuivre leurs rêves entrepreneuriaux. Au contraire, comme femme, vous devez puiser dans votre diversité et votre perspicacité pour inspirer un avenir entrepreneurial plus inclusif.

Si j'ai décidé d'inclure cette idée reçue c'est qu'elle a la vie dure et il est important de la combattre. Il faut considérer 3 points :

- Les femmes ont un rapport différent à l'acte d'entreprendre
- Les femmes doivent avoir un mindset positif et ne pas de mettre de barrières mentales
- Il existe de nombreuses initiatives pour aider les femmes qui veulent entreprendre

Les femmes ont un rapport différent à l'acte d'entreprendre

D'une manière générale, on constate que les femmes ont un rapport à l'acte d'entreprendre qui est différent de celui que les hommes ont. Une étude récente de l'Ifop citée par BPIFrance[2] montre ainsi que l'envie d'entreprendre des femmes est davantage guidée par des valeurs humaines et sociales. Chaque personne est différente, mais les tendances générales existent et on peut déterminer que, en moyenne, les femmes et les hommes abordent l'entrepreneuriat de façon différente.

De nombreuses entrepreneures affichent une capacité exceptionnelle à jongler entre les multiples responsabilités qui leur incombent, que ce soit à la maison ou dans l'entreprise. Elles cherchent souvent un équilibre harmonieux entre leur vie professionnelle et personnelle, ce qui les conduit à prendre des décisions stratégiques différemment. Cette quête d'équilibre les incite à privilégier des modèles commerciaux durables et à favoriser une culture de travail plus flexible.

Les femmes ont par ailleurs tendance à mettre l'accent sur la collaboration et le réseautage. Pour elles, créer des partenariats solides et construire des relations durables est très important. Cela se traduit souvent par une approche plus inclusive et une propension à impliquer différentes parties prenantes dans le processus entrepreneurial. Cette aptitude à la collaboration peut stimuler l'innovation et la croissance à long terme.

---

[2] https://bpifrance-creation.fr/observatoire/relation-femmes-a-lentrepreneuriat

Les femmes entrepreneures font souvent preuve d'une grande persévérance face à l'adversité. Elles ont souvent dû surmonter des obstacles plus importants en raison des stéréotypes de genre et des biais, ce qui les a rendues résilientes et déterminées. Cette persévérance les aide à naviguer dans un monde entrepreneurial parfois hostile et à persister dans la poursuite de leurs objectifs.

Les entrepreneures ont une sensibilité accrue aux besoins du marché. Elles sont souvent plus en phase avec les tendances émergentes et les préférences des consommateurs. Cette capacité à percevoir les besoins du marché peut les conduire à développer des produits ou services innovants et pertinents. C'est sans doute pour cela que les femmes sont majoritaires dans les métiers du marketing[3].

De nombreuses femmes entrepreneurs adoptent une approche prudente de la gestion financière de leur entreprise. Elles sont souvent plus enclines à éviter les risques inutiles et à maintenir une stabilité financière à long terme. Cette approche peut être cruciale pour assurer la viabilité et la croissance continue de l'entreprise.

Les femmes ont souvent une capacité naturelle à comprendre et à répondre aux besoins émotionnels des clients. Cette empathie peut contribuer à fidéliser la clientèle et à créer une entreprise axée sur la satisfaction du client. Une entreprise qui se soucie véritablement de

---

[3] https://www.e-marketing.fr/Thematique/management-1090/Breves/Metiers-marketing-quels-sont-les-metiers-les-plus-demandes--383376.htm#:~:text=Enfin%2C%20les%20femmes%20sont%20majoritaires,70%20%25%20selon%20l'IFOP.

ses clients a en effet de meilleures chances de succès à long terme.

Les femmes entrepreneurs sont également à l'avant-garde de l'innovation sociale. Elles sont souvent enclines à créer des entreprises avec des missions sociales, cherchant à résoudre des problèmes sociaux et environnementaux. Cette orientation vers l'impact social peut générer un engagement accru des parties prenantes et une plus grande adhésion à la marque.

Enfin, les femmes entrepreneures d'aujourd'hui jouent un rôle crucial en servant d'exemple et en inspirant les générations futures de femmes entrepreneurs. Leur succès démontre que les femmes peuvent exceller dans tous les domaines de l'entrepreneuriat et contribue ainsi à briser les stéréotypes de genre persistants.

En conclusion, les femmes ont un rapport à l'acte d'entreprendre qui est unique et spécifique. Leur approche axée sur l'équilibre, la collaboration, la persévérance, la sensibilité au marché, la gestion financière prudente, l'empathie envers les clients, l'innovation sociale et l'inspiration pour les générations futures enrichit le paysage entrepreneurial. L'idée reçue selon laquelle il faut être un homme pour être entrepreneur était peut-être vraie il y a quelques dizaines d'années, mais ce n'est plus le cas aujourd'hui.

En pratique

Entreprendre nécessite des qualités qui sont partagées par les hommes et les femmes. Autrement dit, les femmes sont autant capables que les hommes d'entreprendre. Seule l'approche et les ambitions peuvent différer pour des raisons de culture ou d'éducation. Comme femme souhaitant devenir entrepreneur, vous devez mettre votre genre de côté et vous concentrer sur votre projet. C'est une démarche qui peut ne pas être naturelle, mais c'est une des clefs de votre réussite.

Ayez un mindset positif et ne vous mettez pas de barrières mentales

Les femmes ont démontré, à maintes reprises, leur capacité à exceller dans le monde de l'entrepreneuriat. Cependant, il est essentiel pour les femmes aspirant à devenir entrepreneures de développer un mindset positif et de briser les barrières mentales qui peuvent les retenir.

Votre mindset, ou état d'esprit, joue un rôle crucial dans votre vie de tous les jours et dans votre parcours entrepreneurial. Il est essentiel de cultiver une attitude positive envers vos ambitions et vos capacités. Au lieu de vous dire "je ne peux pas le faire", dites-vous "je vais apprendre à le faire". Un mindset positif vous permet de surmonter beaucoup plus d'obstacles que vous ne le pensez.

Ayez confiance en vous. C'est un élément essentiel de la réussite entrepreneuriale. Les femmes doivent croire en leurs compétences, leurs idées et leur valeur sur le marché. Cultivez la confiance en vous en vous entourant de mentors et en cherchant des opportunités d'apprentissage pour renforcer vos compétences.

Trop souvent, vous vous mettez des barrières mentales en vous sous-estimant. Vous hésitez à prendre des risques ou à viser des postes de leadership : c'est le fameux syndrome de l'imposteur dont les femmes sont souvent victimes. Il est essentiel de prendre conscience de ces tendances auto-limitatives et de les combattre activement. Vous avez le potentiel de réaliser vos rêves entrepreneuriaux, alors ne vous limitez pas.

Les femmes ont souvent une intuition aiguisée. Utilisez cette capacité à votre avantage dans vos décisions entrepreneuriales. Faites confiance à votre instinct lorsque vous évaluez des opportunités, choisissez des partenaires ou prenez des décisions importantes pour votre entreprise.

L'entrepreneuriat peut être stressant, mais il est essentiel de développer des compétences en gestion du stress. Les femmes sont souvent excellentes pour trouver des moyens créatifs de faire face à la pression. Prenez le temps de vous ressourcer, pratiquez la méditation ou trouvez des activités qui vous aident à rester équilibrée.

Le réseautage est un aspect crucial de l'entrepreneuriat. Les femmes ont la capacité de construire des relations solides grâce à leur empathie et à leur sensibilité. Utilisez ces atouts pour établir des connexions précieuses dans le monde des affaires.

Les erreurs font partie du parcours entrepreneurial, qu'il s'agisse d'hommes ou de femmes. Ne craignez pas de faire des erreurs, car elles sont des opportunités d'apprentissage. Un mindset positif vous permettra de voir les échecs comme des étapes vers le succès et comme le disait Nelson Mandela "*Je n'échoue jamais. Soit je réussis, soit j'apprends*".

En tant que femme entrepreneure, vous pouvez inspirer d'autres femmes à poursuivre leurs rêves. Votre réussite peut briser les stéréotypes et encourager d'autres femmes à se lancer dans l'entrepreneuriat. Suivez les parcours de ces femmes entrepreneures et inspirez-vous d'elles. Puis, quand vous aurez créé et développé votre entreprise, n'hésitez pas à partager votre expérience autour de vous.

L'entrepreneuriat féminin évolue rapidement, avec de plus en plus de femmes à la tête d'entreprises qui fonctionnent très bien : Isabel Martinez (Europcar Mobility), Eva

Berneke (Eutelsat), Beñat Ortega (Gecina), Julie Walbaum (Maisons du Monde), Véronique Bédague (Nexity), Malena Guflet (Sodexo), etc.. Les opportunités sont nombreuses, mais il est important d'adopter une attitude positive et de se débarrasser des idées préconçues.

En conclusion, en tant que femme aspirant à devenir entrepreneure, il est essentiel de cultiver un mindset positif et de briser les barrières mentales qui pourraient vous freiner. L'entrepreneuriat ne connaît pas de limites de genre, et les femmes ont autant de potentiel que les hommes pour réussir dans ce domaine. Ayez confiance en vos compétences, faites preuve de résilience et utilisez vos atouts uniques pour bâtir votre entreprise. Votre succès sera une source d'inspiration pour les générations futures et contribuera à créer un monde entrepreneurial plus diversifié et épanouissant pour tous.

En pratique

N'ayez pas peur de la lumière et ne craignez pas de parler de votre projet à votre entourage et à vos proches. Utilisez un vocabulaire affirmatif ("je vais" au lieu de "j'aimerais") … Vos interlocuteurs doivent ressentir que vous croyez en votre projet entrepreneurial.

Il existe de nombreuses initiatives pour aider les femmes à entreprendre

L'idée reçue selon laquelle l'entrepreneuriat est principalement masculin est en train de s'effriter, en grande partie grâce aux nombreuses initiatives et dispositifs d'aide destinés à soutenir les entrepreneures en France. Contrairement à ce que l'on pourrait croire, les femmes entrepreneures bénéficient d'un écosystème de soutien solide et en constante expansion, dédié à leur réussite dans le monde des affaires.

De nombreux incubateurs et accélérateurs en France sont spécialement conçus pour soutenir les femmes entrepreneures. Ils offrent un accompagnement personnalisé, des formations, et un accès à un réseau d'experts et de mentors. Des exemples tels que le réseau des Premières ou Girls in Tech France illustrent cet engagement envers les femmes entrepreneurs.

Le gouvernement français, ainsi que diverses institutions publiques et privées, proposent des prêts et subventions spécifiquement destinés aux entrepreneures. Ces financements sont souvent assortis de conditions avantageuses pour encourager le lancement et la croissance des entreprises détenues par des femmes. On peut ainsi citer la Garantie EGALITE, programme lancé par France Active, qui propose une garantie pouvant couvrir jusqu'à 80% d'un prêt bancaire contracté par une femme entrepreneure, avec un plafond de 50 000 €.

Les réseaux de mentorat, tels que Wom'Energy, programme d'entrepreneuriat au féminin lancé par le Réseau Entreprendre, mettent en relation des entrepreneures avec des mentors expérimentés. Ces mentors fournissent des conseils, de l'orientation et un soutien précieux pour aider les femmes à développer leurs entreprises.

En plus de soutenir les entrepreneures actuelles, de nombreuses organisations en France mènent des initiatives de sensibilisation pour encourager davantage de femmes à envisager l'entrepreneuriat comme une option de carrière. Ces programmes visent à briser les stéréotypes et à promouvoir la diversité dans l'entrepreneuriat.

Pour obtenir des financements plus conséquents, il existe des réseaux de Business Angels pour les projets portés par des femmes ou dans lesquels des femmes sont présentes. On peut citer parmi eux le fonds d'investissement Leia Capital ou Femmes Business Angels.

Le tableau ci-dessous résume, de façon non exhaustive, les quelques adresses utiles à connaître pour vous lancer dans l'entrepreneuriat si vous êtes une femme. Bien entendu, il existe toute une série de ressources sur internet, mais ces liens concernent spécifiquement les femmes entrepreneures.

Nom de l'organisation	Lien
Les Premières	https://www.lespremieres.com/
Nemow Lab	https://nemowlab.com/
We Are Sista	https://wearesista.com/
Willa	https://hellowilla.co/
Femmes Business Angels	https://www.femmesbusinessangels.org/
Leia Capital	http://www.leiacapital.com/
#ConnectHers	https://group.bnpparibas/actualite/connecthers-connecter-femmes-entrepreneures
Action'elles	https://www.actionelles.fr/
Bouge Ta Boîte	https://www.bougetaboite.com/
Girls in Tech	https://girlsintech.org/
Wom'Energy	https://www.reseau-entreprendre.org/fr/jagis-2/
Entreprendre au Féminin Océan Indien Réunion	https://entreprendreaufeminin.re/
Garantie EGALITE Femmes	https://bpifrance-creation.fr/encyclopedie/financements/dispositifs-garantie/garantie-egalite-femmes-ex-fgif

En résumé, il existe en France un grand nombre de dispositifs d'aide pour l'entrepreneuriat au féminin, témoignant de l'engagement croissant en faveur de l'égalité des genres dans le monde des affaires. Ces initiatives visent à éliminer les obstacles qui pourraient décourager les femmes de se lancer dans l'entrepreneuriat et à les soutenir dans leur parcours entrepreneurial. Il est clair que les femmes entrepreneures jouent un rôle de plus en plus important dans l'économie française, et ces dispositifs d'aide contribuent à renforcer leur impact et leur succès continu. L'idée reçue selon laquelle l'entrepreneuriat est réservé aux hommes n'a donc plus sa place dans la réalité entrepreneuriale française.

En pratique

Devant la grande quantité d'initiatives, d'aides et d'accompagnements à destination des femmes souhaitant se lancer dans l'entrepreneuriat, vous devez commencer par poser les bases de l'activité que vous souhaitez développer et ensuite, solliciter ces différentes aides, selon votre profil, votre localisation géographique et votre projet entrepreneurial.

Conclusion

L'entrepreneuriat est un voyage passionnant, mais souvent, vous n'osez pas vous lancer à cause d'idées reçues qui vous freinent. Dans ce livre, nous avons examiné 10+1 de ces mythes courants et les avons déconstruits un par un. Nous avons découvert que l'entrepreneuriat n'est pas réservé à une élite, qu'il ne nécessite pas nécessairement des financements massifs, et qu'il n'est pas seulement destiné aux jeunes. Nous avons également exploré le rôle crucial de l'échec, l'importance de la diversité, et comment Internet peut être un allié puissant, même s'il ne fait pas tout.

Il est essentiel de comprendre que l'entrepreneuriat est un domaine dynamique, ouvert à toutes celles et à tous ceux qui ont la passion, la créativité et la détermination de poursuivre leurs rêves. Les idées reçues sont des obstacles qui peuvent entraver votre propre potentiel, mais en les démantelant, vous ouvrez la voie à de nouvelles opportunités.

L'entrepreneuriat est un voyage qui ne se limite pas aux frontières, aux genres, ni aux âges. C'est une aventure qui repose sur l'innovation, l'adaptabilité et la persévérance. Au fil des pages de ce livre, nous avons démontré que chacun peut être entrepreneur, qu'il s'agisse de créer une entreprise technologique révolutionnaire, de gérer une entreprise familiale ou de lancer une startup à partir de sa passion.

Pour réussir dans l'entrepreneuriat, il est essentiel de remettre en question ces idées reçues et de les remplacer par des notions de diversité, d'inclusion et de créativité. C'est en adoptant une mentalité ouverte et en embrassant la diversité des parcours et des perspectives que vous libérerez réellement votre potentiel d'entrepreneur(e).

En conclusion, que vous soyez déjà un entrepreneur chevronné ou que vous envisagiez de vous lancer dans cette aventure excitante, n'oubliez jamais que les idées reçues ne sont que des barrières mentales temporaires. L'entrepreneuriat est ce que vous en faites, et le chemin vers le succès commence par la remise en question de ces idées préconçues pour embrasser un monde d'opportunités illimitées. Alors, n'ayez pas peur de prendre des risques, d'innover et de poursuivre vos rêves entrepreneuriaux.

Votre aventure entrepreneuriale commence maintenant.

Bonus

Vous avez lu ce livre qui, je l'espère, vous a apporté des réponses à vos interrogations et qui vous a montré que les idées que vous aviez sur l'entrepreneuriat étaient, pour la plupart, erronées.

Vous n'avez donc plus de raison pour ne pas vous lancer à l'aventure …

J'ai réalisé ce petit questionnaire en 10 points pour savoir si vous êtes prête ou prêt à créer votre entreprise ou démarrer votre activité comme indépendant …

	Oui	Non
1. Avez-vous une idée de business qui vous passionne ?		
2. Êtes-vous prêt à prendre des risques ?		
3. Êtes-vous capable de travailler dur et d'être discipliné ?		
4. Êtes-vous adaptable et résilient ?		
5. Êtes-vous un bon gestionnaire ?		
6. Êtes-vous capable de douter de vos décisions ?		
7. Êtes-vous un bon communicateur ?		
8. Êtes-vous un bon réseauteur ?		
9. Êtes-vous capable de déléguer ?		
10. Êtes-vous prêt à vivre avec l'incertitude ?		

Comment interpréter les résultats du questionnaire ?

Si vous avez répondu oui à la plupart des questions, vous êtes probablement fait pour devenir un entrepreneur. Cependant, il est important de noter qu'il est possible que vous soyez fait pour devenir un entrepreneur même si vous n'avez pas répondu oui à toutes les questions.

Si vous avez répondu non à certaines questions, cela ne signifie pas que vous ne pouvez pas devenir un entrepreneur. Il est en effet toujours possible de développer les compétences et les qualités nécessaires à l'entrepreneuriat.